CW01261994

Lucas-Preis

2020

Über die Herausforderung der Verschiedenheit und die neue Wertereligion

von
Adam B. Seligman und
Linda Woodhead

Übersetzungen von
Daniel Schumann

Herausgegeben von
Birgit Weyel

unter Mitarbeit von
Florian Zacher

Mohr Siebeck

Adam B. Seligman, geboren 1954; 1977 BA History/Social Theory, State University of New York; 1980 MA Cultural Studies, University of Birmingham, England; 1988 PhD Sociology and Social Anthropology, The Hebrew University of Jerusalem; Professor am Department of Religion, Boston University; Gründungsdirektor des Instituts CEDAR (Communities Engaging with Difference and Religion).
orcid.org/0000-0002-2073-8470

Linda Woodhead, geboren 1964; 1985 Double First Class Honours in Theology and Religious Studies, Cambridge; 1989 MA, ebenda; 2006–2021 Professor of Sociology of Religion in the Department of Politics, Philosophy and Religion, Lancaster University; F.D. Maurice Professor in Moral and Social Theology, King's College London.
orcid.org/0000-0002-1232-1173

ISBN 978-3-16-163528-1 / eISBN 978-3-16-163529-8
DOI 10.1628/978-3-16-163529-8

Die Deutsche Nationalbibliothek verzeichnet diese Publikation in der Deutschen Nationalbibliographie; detaillierte bibliographische Daten sind über *https://dnb.dnb.de* abrufbar.

© 2024 Mohr Siebeck Tübingen. www.mohrsiebeck.com

Das Werk einschließlich aller seiner Teile ist urheberrechtlich geschützt. Jede Verwertung außerhalb der engen Grenzen des Urheberrechtsgesetzes ist ohne Zustimmung des Verlags unzulässig und strafbar. Das gilt insbesondere für die Verbreitung, Vervielfältigung, Übersetzung und die Einspeicherung und Verarbeitung in elektronischen Systemen.

Das Buch wurde von Martin Fischer in Tübingen aus der Bembo gesetzt, von Gulde Druck in Tübingen auf alterungsbeständiges Werkdruckpapier gedruckt und von der Buchbinderei Spinner in Ottersweier gebunden.

Printed in Germany.

Inhalt

Adam B. Seligman
Die Herausforderung der Verschiedenheit/
The Challenge of Difference
Seite 6

Anmerkungen/Notes
Seite 74

Linda Woodhead
Werte sind die neue Religion/
Values are the New Religion
Seite 76

Anmerkungen/Notes
Seite 158

Birgit Weyel
Ansprache bei der Verleihung
des Dr. Leopold Lucas-Preises 2020/
Address at the Award Ceremony of the 2020
Dr. Leopold Lucas Prize
Seite 172

Anmerkungen/Notes
Seite 194

Die bisherigen Preisträger
Seite 197

The Challenge of Difference:
On Categories and Group Belonging

by

Adam B. Seligman

Die Herausforderung der Verschiedenheit: Über Kategorien und Gruppenzugehörigkeit

von

Adam B. Seligman

Professor Engler, Professor Weyel, members of the Prize committee, fellow laureates, honored guests. I wish first to thank the Faculty of Protestant Theology of the University of Tubingen for the great honor bestowed on me with this award. In Hebrew we have a word: *katunti*. I am made small, diminished in a sense, with this privilege and recognition. Thank you.

Whatever other events may emerge to characterize the 21st century one phenomenon is by now pretty well established: the challenge of living with difference is coming to define political social and cultural realities throughout the world. By living with difference I mean quite simply living with, accommodating, sharing a public life (in city streets, schools, shops, hospitals, yoga studios, sport clubs, youth groups and so on) with people whose religious beliefs, political commitments, ways of life, foods, sexual preferences, dress, habits, family arrangements, skin color, mother tongues, physiognomies and cultural loyalties may be different from our own.

Herr Professor Engler, Frau Professor Weyel, Mitglieder des Preiskomitees, liebe Preisträger, verehrte Gäste. Zunächst möchte ich der Evangelisch-Theologischen Fakultät der Universität Tübingen für die große Ehre danken, die mir mit diesem Preis zuteilwird. Im Hebräischen haben wir ein Wort: *katunti*. Ich fühle mich klein gemacht, in gewisser Weise erniedrigt durch dieses Privileg und diese Anerkennung. Ich danke Ihnen.

Ungeachtet aller anderen Ereignisse, die das 21. Jahrhundert noch charakterisieren werden, hat sich ein Phänomen inzwischen ziemlich deutlich herauskristallisiert: Die Herausforderung, mit Verschiedenheiten zu leben, wird zunehmend die politischen, sozialen und kulturellen Realitäten in der ganzen Welt bestimmen. Unter »Leben mit Verschiedenheit« verstehe ich ganz einfach das Zusammenleben, die Anpassung, das Teilen des öffentlichen Lebens (in Straßen, Schulen, Geschäften, Krankenhäusern, Yogastudios, Sportvereinen, Jugendgruppen usw.) mit Menschen, deren religiöser Glaube, politische Überzeugungen, Lebensweise, Ernährung, sexuelle Vorlieben, Kleidung, Gewohnheiten, Familienverhältnisse, Hautfarbe, Mutter-

On the one hand such realities are, historically, not particularly new. The great empires of the past, whether the Roman, Ottoman, or Austro-Hungarian Empires were all diverse, almost by definition. They were polyglot, multi-religious, multi-ethnic and encompassed within their boundaries multiple ways of life.

On the other hand, however, we must recall that the emergence of the modern nation-state was accompanied to a greater or lesser extent by attempts to homogenize the population so that all citizens would share one language, one cuisine, one idea of home and belonging, and one moral vision and definition of community. And this is, of course, no less true for those nation states that emerged from the destruction of the Ottoman and Austro-Hungarian Empires.

Moreover, and critically, this ideal of national homogeneity was often defined in terms of some purported ethnic or racial purity; a conceit that may indeed go back to the Reconquista and subsequent expulsion of the Jews and Moslems from the Iberian Peninsula at the end of the 15th century. Whatever its lineage, the idea of a racially pure polity continues to fascinate and attract, even in our own century,

sprachen, Physiognomien und kulturelle Loyalitäten sich von unseren eigenen unterscheiden können.

Einerseits sind solche Realitäten historisch gesehen nicht besonders neu. Die großen Reiche der Vergangenheit, ob das Römische und das Osmanische Reich oder die Österreichisch-Ungarische Monarchie, waren fast *per definitionem* alle vielfältig. Sie waren polyglott, multireligiös, multiethnisch und vereinten in ihren Grenzen verschiedene Entwürfe zur Lebensgestaltung.

Andererseits müssen wir uns vor Augen halten, dass die Entstehung des modernen Nationalstaates mehr oder weniger von Versuchen begleitet war, die Bevölkerung zu homogenisieren, damit alle Bürger ein und dieselbe Sprache, Kulinarik, Vorstellung von Heimat und Zugehörigkeit sowie eine moralische Vision und Definition von Gemeinschaft teilen würden. Dies gilt natürlich auch für die Nationalstaaten, die aus der Zerstörung des Osmanischen Reiches und Österreich-Ungarns hervorgegangen sind.

Darüber hinaus und kritisch anzumerken ist, dass dieses Ideal nationaler Homogenität oft im Sinne einer angeblichen ethnischen oder rassischen Reinheit definiert wurde; eine Einbildung, die womöglich auf die Reconquista und die anschließende Vertreibung der Juden und Moslems von der Iberischen Halbinsel am Ende des 15. Jahrhunderts zurückgehen könnte. Unabhängig von ihrer Herkunft übt die Idee eines rassisch reinen Gemeinwesens auch in

even following the horrors perpetrated in its name in the previous one.

Today however, and whatever nostalgic sentiments many seem to hold towards an imagined past of racial, ethnic or cultural purity and uniformity the existent social reality resists such conformity to an ever-increasing degree. There are many and varied reasons for this. Worldwide demographic changes as well as ecological crises that have led to the rise of ever increasing numbers of refugees and migrants, not only in Europe but in Africa and South-East Asia as well; the rise of so called »identity politics« and demands by different and numerous minorities for recognition as well as representation in the public square; the political fracturing of the post WW-II nation state and rise of populist politics, the loss of a shared public sphere (exacerbated by the deleterious effects of social media) are just some among the well-known causes of the increasing need to learn how to live with difference in a world greatly changed from that many of us grew up in.

The long-term consequences of such developments as the passing of the Hart-Celler Immigration

unserem Jahrhundert noch immer Faszination und Anziehungskraft aus, selbst nach den Gräueln, die in ihrem Namen im vergangenen Jahrhundert verübt wurden.

Heute jedoch, und ungeachtet der nostalgischen Gefühle, die viele gegenüber einer imaginierten Vergangenheit rassischer, ethnischer oder kultureller Reinheit und Einheitlichkeit hegen, widersetzt sich die bestehende soziale Realität einer solchen Konformität in immer stärkerem Maße. Dafür gibt es viele und vielfältige Gründe. Weltweite demografische Veränderungen und ökologische Krisen, die nicht nur in Europa, sondern auch in Afrika und Südostasien zu einer immer größeren Zahl von Flüchtlingen und Migranten geführt haben; das Aufkommen der so genannten »Identitätspolitik« und die Forderungen verschiedener und zahlreicher Minderheiten nach Anerkennung und Repräsentation in der Öffentlichkeit; die politische Zersplitterung des Nationalstaates nach dem Zweiten Weltkrieg und der Aufstieg populistischer Politik, der Verlust einer gemeinsamen öffentlichen Sphäre (verschärft durch die schädlichen Auswirkungen der sozialen Medien) sind nur einige der bekannten Ursachen für die zunehmende Notwendigkeit, mit Verschiedenheit in einer Welt leben zu lernen, die sich stark von der Welt unterscheidet, in der viele von uns aufgewachsen sind.

Die langfristigen Folgen solcher Entwicklungen wie die Verabschiedung des Hart-Celler-Einwan-

Act in the USA in 1965 (which revoked the 1920's immigration rules and quotas of the National Origins Formula) or the recruitments of foreign workers to Western Germany in the late 1950's and 60's, or the Windrush Generation of Commonwealth immigrants to the UK are just some examples of a much wider change in policy whose ultimate effect was transforming the terms of sameness and difference within European and American societies.

The sum of these developments and consequent changes in the social configuration of national states has resulted in the need to confront difference in a manner few have been accustomed to and this, as we are coming to see is evolving as no small challenge. While these challenges have most often been discussed in terms of policy orientations or of the political philosophy of liberalism, what I will suggest in the following is, that facing the continual challenges of difference demands of us a psychological and cognitive adjustment of a somewhat surprising and unexpected nature. I will in fact argue that to approach this social reality of radical difference, in a civil as well as ethical manner will demand of us nothing less than a willingness to be uncomfortable and to eschew the easy comforts that certain approaches to difference and otherness tend to promulgate. Fac-

derungsgesetzes in den USA im Jahr 1965 (das die Einwanderungsregeln und -quoten der National Origins Formula aus den 1920er Jahren aufhob) oder die Anwerbung ausländischer Arbeitskräfte in Westdeutschland in den späten 1950er und 60er Jahren oder die Windrush-Generation von Einwanderern aus dem Commonwealth in das Vereinigte Königreich sind nur einige Beispiele für einen viel umfassenderen Wandel in der Politik, der letztlich dazu führte, dass sich die Bedingungen für Gleichheit und Verschiedenheit innerhalb der europäischen und amerikanischen Gesellschaften veränderten.

Die Summe dieser Entwicklungen und der sich daraus ergebenden Veränderungen in der sozialen Konfiguration der Nationalstaaten hat dazu geführt, dass man sich mit Verschiedenheit auf eine Art und Weise auseinandersetzen muss, an die nur wenige gewöhnt waren, und dies entwickelt sich, wie wir sehen werden, zu einer nicht geringen Herausforderung. Während diese Herausforderungen zumeist im Zusammenhang mit politischen Orientierungen oder der politischen Philosophie des Liberalismus diskutiert wurden, möchte ich im Folgenden darauf hinweisen, dass die Bewältigung der ständigen Herausforderungen im Zusammenhang mit Verschiedenheit von uns eine psychologische und kognitive Anpassung von überraschender und unerwarteter Natur verlangt. Ich will darlegen, dass ein ziviles und ethisches Herangehen an diese soziale Realität

ing difference with eyes wide open as it were, is a serious challenge that will require us to tolerate or bear a degree and type of discomfort that we are in fact unused to. Yet, I would claim that however untimely, or inconvenient it is nevertheless necessary. Let us turn to why.

Difference and the Challenge of Cognitive Control

Of course, we all know that what is different can often also be the source of attraction, excitement and interest; this tends to be the case only when we can in some sense control our exposure to its allure and its consequences. We will often flirt with difference, but only when there is a safe route of retreat. We will try to calibrate as close as possible our exposure to have just enough for the encounter to be interesting and exciting, but not enough to be truly dangerous. We do this when we go on hiking trips, when engaged in alpine skiing, touring foreign countries and

der radikalen Verschiedenheit uns nichts weniger abverlangt als die Bereitschaft, uns unbequem zu fühlen und die Bequemlichkeiten zu meiden, die bestimmte Herangehensweisen an Verschiedenheit und Andersartigkeit zu propagieren pflegen. Der Verschiedenheit mit offenen Augen zu begegnen, ist eine ernsthafte Herausforderung, die von uns verlangt, einen Grad und eine Art von Unbehagen zu tolerieren oder zu ertragen, an die wir eigentlich nicht gewöhnt sind. Dennoch würde ich behaupten, dass sie, so unzeitgemäß oder unbequem sie auch sein mag, dennoch notwendig ist. Wenden wir uns den Gründen zu.

Verschiedenheit und die Herausforderung kognitiver Kontrolle

Natürlich wissen wir alle, dass das, was anders ist, oft auch eine Quelle der Anziehung, der Aufregung und des Interesses sein kann; dies ist in der Regel nur dann der Fall, wenn wir in gewisser Weise kontrollieren können, wie sehr wir seinem Reiz und seinen Auswirkungen ausgesetzt sein wollen. Wir werden nur dann einen Flirt mit der Erfahrung von Verschiedenheit wagen, wenn es auch einen sicheren Rückzugsweg gibt. Wir werden versuchen, die Momente, in denen wir Verschiedenheit ausgesetzt sind, so gut wie möglich zu dosieren, um gerade genug

even when flirting with the attractive interlocutor we meet in a bar.

From this we can see that this calibration may extend not only to physical aspects of the encounter (we will ski the black diamond but not the double black diamond, take one trail rather than another, chose to sleep in the jungle or only take daytrips from our five-star hotel in Lima) but to psychological and cognitive ones as well. It is with these latter, that we shall be concerned. For more often than not, the control we muster over what is different – certainly in our interaction with individuals and groups who are different – is of an internal and cognitive nature and not an external physical one. (This, providing that we are not in a situation of overt conflict, in which case other calculations come into play).

An internal, cognitive control is, needless to state, not any form of real control over alter and her actions, thoughts, intentions, emotions, plans and so on. It is control of neither her internal states nor her external acts. It is however a control over the nature and effect of how her internal states or external acts

zu haben, damit die Begegnung interessant und aufregend ist, aber nicht genug, um wirklich gefährlich zu sein. Wir tun dies bei Wanderungen, beim Skifahren, bei Reisen in fremde Länder und sogar beim Flirt mit einem attraktiven Gesprächspartner, den wir in einer Bar treffen.

Daraus können wir ersehen, dass sich diese Dosierung nicht nur auf physische Aspekte der Begegnung erstrecken kann (wir werden auf der Skipiste Hänge für Fortgeschrittene befahren, aber nicht die für Experten, einen Weg statt eines anderen nehmen, im Dschungel schlafen oder nur Tagesausflüge von unserem Fünf-Sterne-Hotel in Lima aus unternehmen), sondern auch auf psychologische und kognitive Aspekte. Mit diesen werden wir uns im Folgenden beschäftigen. Denn in den meisten Fällen ist die Kontrolle, die wir über das, was anders ist, ausüben – zumindest in unserer Interaktion mit Individuen und Gruppen, die anders sind –, innerer und kognitiver Natur und nicht äußerer physischer Natur (vorausgesetzt, wir befinden uns nicht in einer offenen Konfliktsituation, denn in diesem Fall kommen andere Erwägungen ins Spiel).

Eine interne, kognitive Kontrolle ist natürlich keine Form der wirklichen Kontrolle über eine andere Person und ihre Handlungen, Gedanken, Absichten, Emotionen, Pläne und so weiter. Sie ist weder eine Kontrolle über ihre inneren Zustände noch über ihre äußeren Handlungen. Es ist jedoch eine Kontrolle

impinge on me, my life, my desires, understandings, thoughts, intentions and frames of knowledge. For our most common – and indeed most reasonable – response when faced with something new and untold, (that is, in essence, something different) is to position it within our existing, already established categories and frames of understanding. When the difference is one of race or religion or sexual orientation, or indeed gender identity, such categorization of alter is generally understood as prejudice and so, as morally suspect and something to be avoided.

As we go about our lives we cannot however do without such prior categorizations, not only of people, but of places, tools, all manner of what philosophers term »natural kinds« (rivers, hills, trees, boulders) as well as more social categories (cousins, clans, siblings, football teams, etc.). We know and hence respond to the world through our categories which provide the frame by which different ›bits‹ of information are given meaning primarily through their connected to other ›bits‹ to form an idea or a view of the whole.

über die Art und den Effekt, wie ihre inneren Zustände oder äußeren Handlungen auf mich, mein Leben, meine Wünsche, mein Verständnis, meine Gedanken, Absichten und mein Wissen einwirken. Denn unsere häufigste – und in der Tat vernünftigste – Reaktion, wenn wir mit etwas Neuem und Unbekanntem konfrontiert werden (d. h. im Wesentlichen mit etwas anderem), besteht darin, es innerhalb unserer bestehenden, bereits etablierten Kategorien und Verständnismuster einzuordnen. Handelt es sich um einen Unterschied in Bezug auf »Rasse«, Religion, sexuelle Orientierung oder Geschlechtsidentität, wird eine solche Kategorisierung des Anderen im Allgemeinen als Vorurteil und damit als moralisch verdächtig und als etwas, das es zu vermeiden gilt, verstanden.

Im Laufe unseres Lebens können wir jedoch nicht auf solche vorgefertigten Kategorisierungen verzichten, und zwar nicht nur von Menschen, sondern auch von Orten, Werkzeugen, allen Arten von Dingen, die Philosophen als »natürliche Arten« bezeichnen (Flüsse, Hügel, Bäume, Felsbrocken), sowie von sozialen Kategorien (Cousins, Clans, Geschwister, Fußballmannschaften usw.). Wir kennen die Welt und reagieren auf sie durch unsere Kategorien, die den Rahmen bilden, in dem verschiedene »Bits« von Informationen eine Bedeutung erhalten, vor allem dadurch, dass sie mit anderen »Bits« verbunden werden, um eine Idee oder eine Sicht auf das Ganze zu bilden.

Consequently, it is the act of changing, revising, reconfiguring or, indeed discarding our preconceptions, that is our categories, that causes us discomfort. The armature of our world is shaken and we must search for a new coherence. It is always much preferred (emotionally) to maintain our existing assumptions, categories and ways of seeing the world than to admit that they do not adequately encompass experience and so must be revised or jettisoned. We have recently witnessed this very phenomenon as Russian relatives, even parents, of Ukrainians refuse to believe their own children's accounts of the bombings of Ukrainian cities and the horror caused thereby.

In many ways it is much easier for us to deny our own experience, or when it contradicts our taken-for-granted assumptions on the world or of the other, to explain it away with some additional bit of information or assumption that leaves our fundamental categories intact. Thus, we will argue the individual »exception« to the rule, rather than challenge the rule's own veracity. Cognitively it is much easier to claim that this particular Jew or black, or Muslim or lesbian does not conform to our already existing »knowledge« of Jewish, or black, lesbian or Muslim behavior for any number of contingent individual reasons than to question or perhaps even be

Folglich ist es der Akt des Änderns, Überarbeitens, Neukonfigurierens oder gar des Verwerfens unserer vorgefassten Meinungen, d. h. unserer Kategorien, der uns Unbehagen bereitet. Das Gerüst unserer Welt wird erschüttert und wir müssen nach einer neuen Kohärenz suchen. Es ist (gefühlsmäßig) immer weitaus besser, unsere bestehenden Annahmen, Kategorien und Sichtweisen auf die Welt beizubehalten, als zuzugeben, dass sie den Erfahrungen nicht gerecht werden und daher überarbeitet oder über Bord geworfen werden müssen. Wir haben vor Kurzem genau dieses Phänomen erlebt, als russische Verwandte, ja sogar Eltern von Ukrainern sich weigerten, den Berichten ihrer eigenen Kinder über die Bombardierung ukrainischer Städte und das dadurch verursachte Grauen zu glauben.

In vielerlei Hinsicht ist es für uns viel einfacher, unsere eigenen Erfahrungen zu leugnen, oder, wenn sie unseren selbstverständlichen Annahmen über die Welt oder den anderen widersprechen, sie mit zusätzlichen Informationen oder Annahmen zu erklären, die unsere grundlegenden Kategorien intakt lassen. So argumentieren wir eher mit der individuellen »Ausnahme« von der Regel, als dass wir den Wahrheitsgehalt der Regel in Frage stellen. Kognitiv ist es viel einfacher zu behaupten, dass dieser bestimmte Jude oder Schwarze oder Muslim oder diese homosexuelle Person aus einer beliebigen Anzahl kontingenter individueller Gründe nicht mit unse-

forced to revise what we »know« to be the fact about the group in question.

In this manner, we maintain our cognitive categories, we re-define our own experience as a particular exception, and in this way, I am saying, we continue the internal process of control wherein we can shunt the dissonant experience into our existing normative framework without disturbing this framework. In so doing we avoid discomfort. Or perhaps, put better, we trade the more threatening discomfort (of a challenge to our conceptual universe) for the much lesser one of dealing with the exception – making it perhaps the exception that »proves« the rule.

In this way too however, we evade any real confrontation with difference and with the other. We do not accept the challenge to us that a real engagement with difference implies.

In this context we may recall Martin Buber's characterization of the three faces of dialogue, those of a real mutuality and relation with our interlocutor; of purely technical information and a solipsistic self-

rem bereits vorhandenen »Wissen« über jüdisches oder schwarzes, homosexuelles oder muslimisches Verhalten übereinstimmt, als zu hinterfragen oder vielleicht sogar gezwungen zu sein, das zu revidieren, was wir als Tatsache über die betreffende Gruppe »wissen«.

Auf diese Weise behalten wir unsere kognitiven Kategorien bei, wir definieren unsere eigene Erfahrung als eine besondere Ausnahme, und auf diese Weise, so meine ich, setzen wir den internen Kontrollprozess fort, bei dem wir die dissonante Erfahrung in unseren bestehenden normativen Rahmen einordnen können, ohne diesen Rahmen zu stören. Auf diese Weise vermeiden wir Unbehagen. Oder besser gesagt, wir tauschen das bedrohlichere Unbehagen (eine Herausforderung für unser konzeptionelles Universum) gegen das viel geringere Unbehagen, mit der Ausnahme umzugehen – und machen sie so vielleicht zur Ausnahme, die die Regel »beweist«.

Aber auch auf diese Weise entziehen wir uns einer wirklichen Konfrontation mit Verschiedenheit und unserem Gegenüber. Wir nehmen die Herausforderung nicht an, die eine echte Auseinandersetzung mit Verschiedenheit für uns bedeutet.

In diesem Zusammenhang können wir uns an Martin Bubers Charakterisierung der drei Facetten des Dialogs erinnern, nämlich die einer echten Gegenseitigkeit und Beziehung zu unserem Gesprächs-

affirmation (that is all too often the consequence of refusing to adopt or even reject our existing categories in light of new information):

»There is genuine dialogue – no matter whether spoken or silent – where each of the participants really has in mind the other or others in their present and particular being and turns to them with the intention of establishing a living mutual relation between himself and them. There is technical dialogue, which is prompted solely by the need of objective understanding. And there is monologue disguised as dialogue, in which two or more men, meeting in space, speak each with himself in strangely tortuous and circuitous ways and yet imagine they have escaped the torment of being thrown back on their own resources.«[1]

Buber, of course, is discussing dialogues between single interlocutors. But the attitude of mind characteristic of each is central to our problem, precisely because a »living mutual relation« is one where we are not in control. Indeed, it is one in which we actually relinquish control which is the very meaning of our »turn to the other«.

The default predilection to maintain our existing categories, those that frame given bits of information is a strong one, precisely because the cost in not doing so – in discomfort, if not in cognitive con-

partner, die einer rein technischen Information und die einer solipsistischen Selbstaffirmation (die nur allzu oft die Folge davon ist, dass wir uns weigern, unsere bestehenden Kategorien im Lichte neuer Informationen anzupassen oder gar zu verwerfen):

»Ich kenne dreierlei Dialog: den echten – gleichviel, geredeten oder geschwiegenen –, wo jeder der Teilnehmer den oder die anderen in ihrem Dasein und Sosein wirklich meint und sich ihnen in der Intention zuwendet, daß lebendige Gegenseitigkeit sich zwischen ihm und ihnen stifte; den technischen, der lediglich von der Notdurft der sachlichen Verständigung eingegeben ist; und den dialogisch verkleideten Monolog, in dem zwei oder mehrere im Raum zusammengekomme Menschen auf wunderlich verschlungenen Umwegen jeder mit sich selber reden und sich doch der Pein des Aufsichangewiesenseins entrückt dünken.«[1]

Buber spricht hier natürlich von Dialogen zwischen einzelnen Gesprächspartnern. Aber die Geisteshaltung, die für jeden von ihnen charakteristisch ist, ist für unser Problem von zentraler Bedeutung, gerade weil eine »lebendige Gegenseitigkeit« eine ist, in der wir nicht die Kontrolle haben. In der Tat ist es eine, in der wir die Kontrolle tatsächlich aufgeben, was die eigentliche Bedeutung unserer »Hinwendung zum anderen« ist.

Die grundsätzliche Neigung, unsere bestehenden Kategorien beizubehalten, also diejenigen, die die gegebenen Informationen strukturieren, ist deswegen so stark ausgeprägt, weil die Konsequenzen,

fusion and dissonance – is so great. In some forms of interaction, we may, as indicated above, simply preserve the categories by naming, that is by »categorizing« the particular case that challenges them, as an exception. Important here to realize is that what is taken as a threat is not any particular bit of information, encounter or personal experience. It is rather only when these particular occurrences cannot be encompassed within our always already existing frames for organizing information or experience that they are felt as threatening. It is not any particular bit of information per se, that threatens my understanding of the world, of people, groups, and meanings. Rather, it is only when I am forced into a cognitive defense of my taken-for-granted world, that is of my existing categories that some form of cognitive »feint« is invoked.

The denial of difference, of what my categories cannot encompass, comes in many forms – and when dealing with the idiosyncrasies of individual behavior – often through what may be termed the aesthetization or trivialization of difference which are ways to avoid having to engage with difference. By trivializing what is different – a common trope in

wenn wir dies nicht berücksichtigen – in Form von Unbehagen, wenn nicht sogar in Form von kognitiver Verwirrung und Dissonanz – so erheblich sind. Bei einigen Formen der Interaktion können wir, wie oben erwähnt, die Kategorien einfach durch Benennung beibehalten, das heißt, indem wir den besonderen Fall, der sie in Frage stellt, als Ausnahme »kategorisieren«. Dabei ist es wichtig zu erkennen, dass das, was als Bedrohung empfunden wird, nicht irgendeine bestimmte Information, Begegnung oder persönliche Erfahrung ist. Vielmehr werden diese besonderen Vorkommnisse nur dann als bedrohlich empfunden, wenn sie sich nicht in unseren immer schon vorhandenen Raster zur Organisation von Informationen oder Erfahrungen einordnen lassen. Es ist nicht eine bestimmte Information an sich, die mein Verständnis der Welt, von Menschen, Gruppen und Sinnzusammenhängen bedroht. Vielmehr wird nur dann eine Art kognitive »Finte« ausgelöst, wenn ich zu einer kognitiven Verteidigung meiner gewohnten Welt, d. h. meiner bestehenden Kategorien, gezwungen werde.

Die Verleugnung von Verschiedenheit, von dem, was meine Kategorien nicht fassen können, kommt in vielen Formen vor – und wenn es um die Eigenheiten des individuellen Verhaltens geht – oft durch das, was man als Ästhetisierung oder Trivialisierung von Verschiedenheit bezeichnen könnte, was Möglichkeiten sind, die Auseinandersetzung mit

liberal-individualist societies – one makes a claim to its essential knowability – and consequently symbolic control of the non-trivial aspects of the person, group or situation at hand.

In general, moves of aesthetizing or trivializing difference are ways to avoid having to engage with difference. What makes us the same (as Jews, Episcopalians, Americans or radical feminists) is much more essential to our understandings of who we are than any idiosyncratic aspect of personality or action that I cannot perhaps accommodate in my understanding of who you are. This too is a form of denying difference rather than engaging it, as I have hived off the different bits into arenas with which I need not engage.

In a certain sense such denial of difference (relegating it to the aesthetic or trivial) is itself a form of indifference towards what is other and different. By framing the different nature of alter's position or actions in terms of tastes or the trivial, the fact that they do not fit into my map of categories-which-explain the world is voided of any threat it may contain. I am not forced to engage with such dif-

Verschiedenheit zu umgehen. Indem man das, was anders ist, trivialisiert – eine gängige Praxis in liberal-individualistischen Gesellschaften – erhebt man Anspruch auf dessen wesentliche Erkennbarkeit – und folglich auf die symbolische Kontrolle über die nicht-trivialen Aspekte der betreffenden Person, Gruppe oder Situation.

Im Allgemeinen sind Ästhetisierungs- oder Trivialisierungsversuche ein Weg, um eine Auseinandersetzung mit Verschiedenheit zu vermeiden. Was uns (als Juden, Episkopale, Amerikaner oder radikale Feministinnen) gleich macht, ist für unser Verständnis dessen, wer wir sind, viel wesentlicher als irgendein idiosynkratischer Aspekt der Persönlichkeit oder des Handelns, den ich in meinem Verständnis dessen, wer du bist, vielleicht nicht unterbringen kann. Auch dies ist eine Form der Verleugnung von Verschiedenheit, anstatt sich mit ihr auseinanderzusetzen, denn ich habe die verschiedenen Teile in Bereiche ausgelagert, mit denen ich mich nicht auseinandersetzen muss.

In gewissem Sinne ist eine solche Verleugnung von Verschiedenheit (indem sie auf das Ästhetische oder Triviale reduziert wird) selbst eine Form der Gleichgültigkeit gegenüber dem, was anders und verschieden ist. Indem ich die Verschiedenheit von jemandes Position oder Handlungen in Begriffe des Geschmacks oder des Trivialen fasse, wird die Tatsache, dass sie nicht in meine Liste von Kategorien

ference and can maintain an attitude of indifference towards it.

I am spared the challenge that difference evokes as well as the discomfort that would thereby be summoned as I wrestled with a reality that did not »fit« into my existing vision of the world.

Groups and their Categories

Behind these dynamics is the fact that our categories are given to us by the groups we belong to. That is to say our social, moral, as well as cognitive categories are collective products and not individual proclivities or some universal aspect of the human mind. The work of social psychologists, from Jerome Brunner in the USA to Alexander Luria in the Soviet Union, have demonstrated how even the nature of our perception, of shape or color for example, are products of social and historical forces and not inherent in the object itself. Perception itself, we are taught, cannot be divorced from acts of categorization. Meaning thereby that perception is not simply a physical or physiological act, but a cog-

passt, die die Welt erklären, jeglicher Bedrohung beraubt, die sie enthalten könnte. Ich bin nicht gezwungen, mich mit einer so gearteten Verschiedenheit auseinanderzusetzen und kann ihr gegenüber eine Haltung der Gleichgültigkeit einnehmen.

Ich erspare mir die Herausforderung, die das Anderssein mit sich bringt, und auch das Unbehagen, das damit verbunden wäre, wenn ich mich mit einer Realität auseinandersetzen müsste, die nicht in mein bestehendes Weltbild »passt«.

Gruppen und ihre Kategorien

Hinter dieser Dynamik steht die Tatsache, dass unsere Kategorien uns von den Gruppen, denen wir angehören, vorgegeben werden. Das heißt, unsere sozialen, moralischen und kognitiven Kategorien sind kollektive Produkte und keine individuellen Neigungen oder ein universeller Aspekt des menschlichen Geistes. Die Arbeiten von Sozialpsychologen, von Jerome Brunner in den USA bis zu Alexander Luria in der Sowjetunion, haben gezeigt, dass sogar die Art unserer Wahrnehmung, z. B. von Form oder Farbe, Produkte sozialer und historischer Kräfte sind und nicht dem Objekt selbst innewohnen. Daraus lernen wir, dass die Wahrnehmung selbst nicht von den Prozessen der Kategorisierung abgekoppelt werden kann. Das bedeutet, dass die Wahrnehmung

nitive one and as such is affected by the forces that structure all categorization.

Indeed, Luria's seminal studies in Central Asia in the 1930s among illiterate farmers and pastoralists showed how in the absence of specific categories (that is to say discrete words for different colors or shapes) formally uneducated people would group objects or shapes according to a situational logic or past experience of similarly shaped objects (a drawing of 3/4 of a circle would be identified as a bracelet rather than something »like« a circle). Relations between objects, often in terms of their »use-value« to humans are what determined or defined the grouping of objects, rather than an abstract noun, that is to say a category.

Thus, for example when asked which is the odd object within a set showing: *saw*, *axe*, *log*, *hammer*; his interlocutors simply refused to single out any one of the objects as not belonging to the set. Educated (and indeed, in his control group even semi-educated) individuals would single out the log as that which is »not a tool« or as a natural object and hence different from the other objects. But for those without a formal education there was no way to separate any

nicht einfach ein physischer oder physiologischer Prozess ist, sondern ein kognitiver und als solcher von den Kräften beeinflusst wird, die jede Kategorisierung strukturieren.

Tatsächlich zeigten Lurias bahnbrechende Studien in Zentralasien in den 1930er Jahren unter analphabetischen Bauern und Viehzüchtern, wie formal ungebildete Menschen in Ermangelung spezifischer Kategorien (d. h. separater Wörter für verschiedene Farben oder Formen) Objekte oder Formen nach einer situativen Logik oder aufgrund früherer Erfahrungen mit ähnlich geformten Objekten gruppierten (eine Zeichnung von 3/4 eines Kreises würde eher als Armband identifiziert werden als etwas, das »wie« ein Kreis ist). Die Beziehungen zwischen den Objekten, oft in Bezug auf ihren »Gebrauchswert« für den Menschen, sind das, was die Gruppierung von Objekten bestimmt oder definiert, und nicht ein abstraktes Substantiv, d. h. eine Kategorie.

So weigerten sich seine Gesprächspartner zum Beispiel auf die Frage, welches der ungleiche Gegenstand in einem Sortiment von Säge, Axt, Holzscheit und Hammer sei, auch nur einen der Gegenstände als nicht zum Sortiment gehörend zu bezeichnen. Gebildete (und in seiner Kontrollgruppe sogar halbgebildete) Personen würden das Holzscheit als nichtzugehörig bestimmen, da es »kein Werkzeug«, sondern ein natürliches Objekt ist und sich daher von den anderen Gegenständen unterscheidet. Aber für

one item as, without the log, the saw, hatchet, even hammer have no use and so make no sense.[2]

Categories as we can see are therefore abstractions through which we organize and explain experience, indeed, through which we even perceive the world. These abstractions are, moreover, formed within groups and serve to explain both the group itself as well as other groups to group members. Critically, as we have learned from the experiments of Henri Tajfel and his followers on »minimal groups« these nominative categories – however sparsely articulated – not only define, but also direct action and the flow of resources (both symbolic and material) within and between groups.[3]

Hewstone and Jaspers go further, showing how the integration and processing of information is structured by social representations (i. e., categories). Critically, in situations of »less than complete information, observers infer that characteristics of a social object on the basis of the category to which is belongs« – which should not surprise us given what we just learned about perception per se.[4] Of course

diejenigen, die keine formale Bildung hatten, gab es keine Möglichkeit, irgendeinen Gegenstand herauszunehmen , da ohne das Holzscheit die Säge, die Axt und sogar der Hammer keinen Nutzen haben und somit keinen Sinn ergeben.[2]

Kategorien sind also, wie wir sehen, Abstraktionen, durch die wir Erfahrungen organisieren und erklären, ja, durch die wir sogar die Welt wahrnehmen. Diese Abstraktionen werden zudem innerhalb von Gruppen gebildet und dienen dazu, den Gruppenmitgliedern sowohl die Gruppe selbst als auch andere Gruppen zu erklären. Wie wir aus den Experimenten von Henri Tajfel und seinen Nachfolgern zu »Minimalgruppen« gelernt haben, sind diese nominativen bzw. benennenden Kategorien (d. h. soziale Kategorien des Verstehens, auch wenn sie noch so spärlich artikuliert sind) nicht nur im Stande, Definitionen zu liefern, sondern lenken auch das Handeln und den Fluss von Ressourcen (sowohl symbolischer als auch materieller Art) innerhalb und zwischen Gruppen.[3]

Hewstone und Jaspers gehen noch weiter und zeigen, wie die Integration und Verarbeitung von Informationen durch soziale Repräsentationen (in dem von Emile Durkheim verwendeten Sinne zur Bezeichnung sozialer Kategorien) strukturiert wird. In Situationen mit »nicht vollständig erfassbaren Informationen, schließen die Beobachter auf die Merkmale eines sozialen Objekts auf der Grundlage der

when the subject at hand is not a simple physical object but a social action on the part of some alter, information can never be complete. The very determination of which bits of information are or are not relevant to explaining an action is itself a product of social representations.

Thus, for example, one need only think of the 2016 stabbing of a young Jewish man in Strasbourg, France by a mentally disturbed man shouting »Allahu akbar«. All bits of data may be factual, but it is often the biases of one's group of belonging that determine which descriptive bits are explanatory – Jewish and/or mentally disturbed or Muslim. Description in itself is always commentary and never plain fact. The context that makes sense of an event is thus always of a particular nature, as factual gaps are filled in by our community's prejudices, by the shared assumptions of our communities of belonging: that is to say, by the social representations of our group. In this sense, group membership is a central aspect of our cognition and understanding, and as such of our ability to engage with the world.

Kategorie, zu der es gehört.«[4] Was uns nicht überraschen sollte, wenn man bedenkt, was wir gerade über die Wahrnehmung an sich gelernt haben. Natürlich kann die Information niemals vollständig sein, wenn es sich nicht um ein einfaches physisches Objekt, sondern um eine soziale Handlung eines anderen handelt. Die Entscheidung darüber, welche Informationen für die Erklärung einer Handlung relevant sind und welche nicht, ist selbst ein Produkt sozialer Repräsentationen.

Man denke beispielsweise nur an die Messerattacke auf einen jungen jüdischen Mann im Jahr 2016 in Straßburg, Frankreich, durch einen geistig verwirrten Mann, der »*Allahu akbar*« rief. Alle Daten mögen auf Fakten beruhen, aber oft sind es die Vorurteile der eigenen Zugehörigkeitsgruppe, die bestimmen, welche beschreibenden Teile erklärend sind – jüdisch und/oder psychisch gestört oder muslimisch. Die Beschreibung an sich ist immer ein Kommentar und niemals ein bloßes Faktum. Der Kontext, der einem Ereignis einen Sinn gibt, ist daher immer von besonderer Art, da die Lücken in den Fakten durch die Vorurteile unserer Gemeinschaft, durch die gemeinsamen Annahmen unserer Zugehörigkeitsgemeinschaften, d. h. durch die sozialen Repräsentationen unserer Gruppe, ausgefüllt werden. In diesem Sinne ist die Gruppenzugehörigkeit ein zentraler Aspekt unseres Erkennens und Verstehens und damit unserer Fähigkeit, uns mit der Welt auseinanderzusetzen.

Our sense of group belonging provides one of the most salient frames for making sense of information – that is, we recall, differences – in matters pertaining to other human beings. Are their differences such as to exclude them from our frame of belonging or are they nugatory in that regard? Do they threaten our sense of physical or psychic wellbeing? Can they be mobilized in our attempts to dominate a situation – perhaps only by substantiating previously asserted »truths« or »taken-for-granted« assumptions on the behavior of certain groups. Examples of this may be related to the Jewish landlord who does not fix the broken pipes in my apartment; the faculty of color who votes down a white job candidate only to support another woman of color for the position; the white Evangelical Christian in the city council who votes against the change in zoning laws that would permit the building of a mosque in his neighborhood. In all these cases and endless others, it is fair to assume that our group membership (Jewish or not, a person of color or not, Christian or not) will influence how we make sense of, how we frame, ultimately, what meanings we assign to alter's actions.

Unser Gefühl der Gruppenzugehörigkeit ist einer der wichtigsten Bezugspunkte, um Informationen – das heißt Unterschiede, wie wir uns vielleicht erinnern – in Bezug auf andere Menschen zu bewerten. Sind ihre Unterschiede so groß, dass wir sie aus unserem Zugehörigkeitsgefühl ausschließen, oder sind sie in dieser Hinsicht unbedeutend? Bedrohen sie unser physisches oder psychisches Wohlergehen? Können sie in unseren Versuchen, eine Situation zu beherrschen, mobilisiert werden – vielleicht nur durch die Untermauerung zuvor behaupteter »Wahrheiten« oder »selbstverständlicher« Annahmen über das Verhalten bestimmter Gruppen. Beispiele dafür sind der jüdische Vermieter, der die kaputten Rohre in meiner Wohnung nicht repariert; das Lehrerkollegium, das aus »people of color« besteht und einen weißen Bewerber für einen Job ablehnt, nur um eine andere Frau »of color« für die Stelle zu unterstützen; der weiße evangelikale Christ im Stadtrat, der gegen die Änderung der Bebauungsvorschriften stimmt, die den Bau einer Moschee in seiner Nachbarschaft ermöglichen würde. In all diesen und unzähligen anderen Fällen kann man davon ausgehen, dass unsere Gruppenzugehörigkeit (jüdisch oder nicht, person of color oder nicht, christlich oder nicht) einen Einfluss darauf hat, wie wir die Handlungen des anderen verstehen, wie wir sie einordnen und welche Bedeutung wir ihnen letztlich beimessen.

In this context it is well to remember Hewstone and Jaspers insights into the saliency of what they term highly »accessible categories« are to providing us with explanations (or what is more technically called »attribution«) of alter's actions. Such highly accessible categories preclude the need for additional information (termed »input«) or the use of alternative (or additional) categories in order to explain the situation at hand. Such »accessible categories«, being part of any culture's tool kit of »beliefs, myths traditions and images«, thus provide very strong organizing categories for the parsing and assimilation of information. This is precisely the case we attempted to illustrate in the fictional situations presented above.

For these reasons the psychic cost – in discomfort – that we would pay for questioning or revising our categories is generally quite beyond us. For the emotional toll involved is not simply that of a cognitive shift of perspectives and with it of some components of our very world view. Though in most cases this is challenge enough. Prejudice against certain groups: Jews, Roma, Blacks, Alevis and others is often part of a well-articulated system of world maintenance. Take away this keystone and the whole system is threatened with collapse. Reason enough

In diesem Zusammenhang ist es gut, sich an Hewstones und Jaspers Einsichten über die Bedeutung dessen zu erinnern, was sie als hochgradig »zugängliche Kategorien« bezeichnen, die uns Erklärungen (oder, was man fachsprachlich als »Attribution« bezeichnet) für die Handlungen anderer Personen liefern. Solche leicht zugänglichen Kategorien schließen die Notwendigkeit zusätzlicher Informationen (als »Input« bezeichnet) oder die Verwendung alternativer (oder zusätzlicher) Kategorien aus, um die vorliegende Situation zu erklären. Solche »zugänglichen Kategorien«, die Teil des Instrumentariums von »Überzeugungen, Mythen, Traditionen und Bildern« einer jeden Kultur sind, stellen somit sehr starke Ordnungskategorien für die Auswertung und Assimilation von Informationen dar. Dies ist genau der Fall, den wir in den oben dargestellten fiktiven Situationen zu illustrieren versucht haben.

Aus diesen Gründen übersteigen die psychischen Kosten in Form von Unbehagen, die wir zahlen müssten, um unsere Kategorien in Frage zu stellen oder zu revidieren, im Allgemeinen unsere Kräfte. Denn der emotionale Tribut, der damit verbunden ist, ist nicht nur der einer kognitiven Verschiebung der Perspektiven und damit einiger Bestandteile unseres Weltbildes selbst. Auch wenn dies in den meisten Fällen Herausforderung genug ist. Vorurteile gegen bestimmte Gruppen: Juden, Roma, Schwarze, Aleviten und andere sind oft Teil eines gut ar-

not to doubt the impurity of Alevis (if we are Sunni Muslims), or of Roma (if we are Caucasian Eastern Europeans) the rapaciousness of Jews (if we are certain types of Christians), or the inferiority of Blacks (if we are Whites of certain racially prejudicial views).

But the threat goes beyond these building blocks of our constructed universe. For by questioning my categories, by doubting or revising my social representations I am also shaking the foundations of my group membership. As social representations are first and foremost social, that is, shared by my in-group; by questioning them I am, inter alia, questioning my group membership, the terms of my collective belonging and so the very foundations of my social self; the *Me* in George Herbert Mead's locution (formed of my social roles) as opposed to the *I* (which is the more personal or individual component).

Here we come to the famous insight by Gregory Bateson on »meta-messages« and »meta-communication«. How every message is both a message about the world and a message about the message. The message of a promise for example, is both a message

tikulierten Systems der Welterhaltung. Nimmt man diesen Grundpfeiler weg, droht das ganze System zusammenzubrechen. Grund genug, die Unreinheit der Aleviten (wenn wir sunnitische Muslime sind) oder der Roma (wenn wir weiße Osteuropäer sind), die Raffgier der Juden (wenn wir bestimmte Gruppen von Christen sind) oder die Minderwertigkeit der Schwarzen (wenn wir Weiße mit bestimmten rassischen Vorurteilen sind) nicht anzuzweifeln.

Aber die Bedrohung geht über diese Bausteine unseres konstruierten Universums hinaus. Denn indem ich meine Kategorien in Frage stelle, indem ich meine sozialen Repräsentationen anzweifle oder revidiere, rüttle ich auch an den Grundfesten meiner Gruppenzugehörigkeit. Da soziale Repräsentationen in erster Linie sozial sind, d. h. von meiner Gruppe geteilt werden, stelle ich durch ihre Infragestellung unter anderem meine Gruppenzugehörigkeit, die Bedingungen meiner kollektiven Zugehörigkeit und damit die Grundlagen meines sozialen Selbst in Frage; das »Mich« in George Herbert Meads Ausdrucksweise (gebildet aus meinen sozialen Rollen) im Gegensatz zum »Ich« (das die persönlichere oder individuelle Komponente ist).

Hier kommen wir zu der berühmten Erkenntnis von Gregory Bateson über »Metabotschaften« und »Metakommunikation«. Jede Botschaft ist sowohl eine Botschaft über die Welt als auch eine Botschaft über die Botschaft. Die Botschaft eines Versprechens

about something I commit to doing (or not doing) as well as a retrieval of the very concept of the promise as a specific form of locution. I am both promising and activating the frame of promise-making at the same time. Thus, Bateson reminds us that it is »important also to exchange meta-messages by which we tell each other what order and species of unconsciousness (or consciousness) attaches to our messages.«[5]

Stepping away from the received opinion of our group by refusing to articulate those shared presuppositions (even just internally) which tell us not only something about the »other«, but about *us* as well (i. e., that it is »we« who hold these opinions, as part of a whole set of opinions which, taken together, make *us* who we are) subjects us to more than group opprobrium. It also profoundly upsets our sense of self and challenges our relation to the world.

This »social« aspect of who we are is indeed one of the most difficult of concepts for many to accept. Yet, it stands as the basis of sociology, not solely in the work of Mead, but more critically even in the writings of Emile Durkheim where the »duality of human existence« is the fundamental and defining

beispielsweise ist sowohl eine Botschaft über etwas, zu dem ich mich verpflichte, es zu tun (oder nicht zu tun), als auch ein Wiederaufgreifen des Konzepts des Versprechens selbst als eine spezifische Form des Sprechens. Ich verspreche und aktiviere gleichzeitig den Bezugsrahmen für das Versprechen. So erinnert uns Bateson daran, dass es wichtig ist »auch Meta-Botschaften untereinander auszutauschen, mit denen wir uns gegenseitig mitteilen, welche Ordnung und Art von Unbewusstheit (oder Bewusstsein) unseren Botschaften anhaftet.«[5]

Wenn wir uns von der akzeptierten Meinung unserer Gruppe abwenden, indem wir uns weigern, diese gemeinsamen Voraussetzungen (und sei es auch nur intern) zu artikulieren, die uns nicht nur etwas über den »anderen«, sondern auch über uns selbst sagen (d. h., dass »wir« es sind, die diese Meinungen vertreten, als Teil einer ganzen Reihe von Meinungen, die uns zusammengenommen zu dem machen, was wir sind), setzen wir uns nicht nur der Schmach der Gruppe aus. Es bringt auch unser Selbstverständnis zutiefst durcheinander und stellt unser Verhältnis zur Welt in Frage.

Dieser »soziale« Aspekt dessen, was wir sind, ist in der Tat für viele eines der schwierigsten Konzepte, die es zu akzeptieren gilt. Dennoch bildet er die Grundlage der Soziologie, und zwar nicht nur bei Mead, sondern auch in den Schriften von Emile Durkheim, in denen der »Dualismus der mensch-

aspect of individual and social life. »Society« Durkheim tells us »is a reality *sui generis*« and »the representations which express it have wholly different contents from purely individual ones.«[6] Moreover, because these are the forms through which we represent ourselves to ourselves they »enter into us and become part of us«.[7]

The work of social psychologists noted earlier, have gone a long way to showing how many of these social representations are in one way or another connected to our sense of group belonging, of assessing in-group as well as out-group members and in so doing defining for us, our place in the world. One does not need to be a social psychologist to recognize how important is the family – our primary group – to our notion of who we are; replete as each family is with its own, histories, stories, myths, rituals, foods, memories, tragedies, joys, jokes etc.

Nor indeed do we need to be professional social scientists to recognize how the values, beliefs, norms, rules, prejudices, strictures and lessons learned in our family continue to inform our reading of the world, even if we are revolting against them – for it is them we are revolting against and rejecting, and this defines so many of our later attitudes and actions.

lichen Natur« der grundlegende und bestimmende Aspekt des individuellen und sozialen Lebens ist. »Die Gesellschaft«, so Durkheim, »ist eine Wirklichkeit *sui generis*.« und »Die Vorstellungen, die sie ausdrücken, haben also einen anderen Inhalt als die rein individuellen.«[6] Da es sich um die Formen handelt, durch die wir uns uns selbst gegenüber repräsentieren, »treten sie in uns ein, werden so ein Teil von uns.«[7]

Die bereits erwähnte Arbeit von Sozialpsychologen hat gezeigt, wie viele dieser sozialen Repräsentationen auf die eine oder andere Weise mit unserem Gefühl der Gruppenzugehörigkeit, der Bewertung von Mitgliedern der eigenen und der fremden Gruppe zusammenhängen und so unseren Platz in der Welt definieren. Man muss kein Sozialpsychologe sein, um zu erkennen, wie wichtig die Familie – unsere primäre Gruppe – für unsere Vorstellung davon ist, wer wir sind; so vielfältig wie jede Familie mit ihrer eigenen Vergangenheit, ihren Geschichten, Mythen, Ritualen, Speisen, Erinnerungen, Tragödien, Freuden, Witzen usw. ist.

Man muss auch kein professioneller Sozialwissenschaftler sein, um zu erkennen, dass die Werte, Überzeugungen, Normen, Regeln, Vorurteile, Zwänge und Lektionen, die wir in unserer Familie gelernt haben, weiterhin unsere Sicht der Welt prägen, selbst wenn wir uns gegen sie auflehnen – denn sie sind es, gegen die wir uns auflehnen und die vie-

In fact, the continued saliency of this »social self« in defining our attitudes and decisions in evident in one of the continual problems of most programs designed for conflict resolution and peacebuilding. Such programs as *Seeds of Peace* which take young Palestinian and Israelis to rural Maine for a summer of intense interaction and work of mutual recognition and validation have a great success, as long as the participants are in Maine. However, when they return to Tel Aviv and Jenin the gains in mutuality or at least the extension of these lessons beyond the particular participants are lost. That is to say, Chaim may remain with strong positive views of Ahmed (and vice versa) but once back home it is difficult to extend these views towards other Palestinians or Israelis as the case may be.

Taking individuals out of their social context and emphasizing what is similar to them as individuals does not, ultimately, address what is so very different to them as members of groups involved now for one hundred years in bloody conflict. Because the extreme consequences of depersonalization and then dehumanization in the twentieth century have

le unserer späteren Haltungen und Handlungen bestimmen.

Die anhaltende Bedeutung dieses »sozialen Selbst« bei der Bestimmung unserer Haltungen und Entscheidungen zeigt sich in einem der fortwährenden Probleme der meisten Programme zur Konfliktlösung und Friedenskonsolidierung. Programme wie *Seeds of Peace*, bei denen junge Palästinenser und Israelis für einen Sommer ins ländliche Maine reisen, um dort intensiv miteinander zu interagieren und an der gegenseitigen Anerkennung und Bestätigung zu arbeiten, sind sehr erfolgreich, solange die Teilnehmer in Maine sind. Wenn sie jedoch nach Tel Aviv und Dschenin zurückkehren, gehen die gewonnenen Erkenntnisse in Bezug auf das Miteinander oder zumindest die Ausweitung dieser Lektionen über die einzelnen Teilnehmer hinaus verloren. Das heißt, dass Chaim vielleicht weiterhin eine sehr positive Einstellung zu Ahmed hat (und umgekehrt), aber sobald er wieder zu Hause ist, ist es unter Umständen schwierig, diese Einstellung auf andere Palästinenser oder Israelis auszuweiten.

Die Herausnahme von Individuen aus ihrem sozialen Kontext und die Betonung dessen, was ihnen als Individuen ähnlich ist, geht letztlich nicht auf das ein, was sie als Mitglieder von Gruppen, die seit hundert Jahren in blutige Konflikte verwickelt sind, so sehr unterscheidet. Da die extremen Folgen der Entpersönlichung und dann der Entmenschlichung

been so horrific, the common move in intercultural and conflict resolution work has been to focus on the individual and see the individual as such, rather than view him or her as members of a group. The programs which succeed in this, however, then face the fact that on returning to their home environments this perspective cannot be sustained because of strong shared group assumptions of the collective one returns to. As the individual re-enters his or her group of belonging and is surrounded by its social representations – of themselves and of relevant others – the ability to maintain a purely individualistic reading of social reality is severely compromised. This should not be surprising, and it is unrealistic to believe that the social representations of our own groups can be over-ridden for more than brief periods of time (periods that are, moreover, totally outside of everyday life and of the conflict situation).

Of course, even in the normal run of things, there are moments when the individual aspects of self – relatively free from social representations- emerges supreme, usually in moments of extreme joy or pain or perhaps appreciation of beauty but they are not quotidian, indeed they cannot be. Thus, the challenge remains on how to dispel or at least mitigate

im zwanzigsten Jahrhundert so schrecklich waren, besteht der gemeinsame Ansatz in der interkulturellen Arbeit und der Konfliktlösung darin, sich auf das Individuum zu konzentrieren und es als solches zu sehen, anstatt es als Mitglied einer Gruppe zu betrachten. Die Programme, die damit Erfolg haben, sehen sich jedoch mit der Tatsache konfrontiert, dass diese Sichtweise bei der Rückkehr in die Heimat nicht aufrechterhalten werden kann, weil die Gruppenvorstellungen des Kollektivs, in das man zurückkehrt, stark ausgeprägt sind. Wenn der Einzelne in seine Gruppe zurückkehrt und von deren sozialen Repräsentationen – seiner selbst und der relevanten anderen – umgeben ist, ist die Fähigkeit, eine rein individualistische Lesart der sozialen Realität aufrechtzuerhalten, stark beeinträchtigt. Das sollte nicht überraschen, und es ist unrealistisch zu glauben, dass die sozialen Repräsentationen unserer eigenen Gruppen für mehr als kurze Zeiträume außer Kraft gesetzt werden können (Zeiträume, die im Übrigen völlig außerhalb des Alltags und der Konfliktsituation liegen).

Natürlich gibt es auch im normalen Lauf der Dinge Momente, in denen die individuellen Aspekte des Selbst – relativ frei von sozialen Repräsentationen – in den Vordergrund treten, gewöhnlich in Momenten extremer Freude oder Schmerzes oder vielleicht der Wertschätzung von Schönheit, aber sie sind nicht alltäglich, ja sie können es nicht sein. Die

prejudice even while recognizing that group sense which is an essential aspect of our (social) selves.

None of this would be a problem if we lived in relatively isolated and homogenous communities where we are not challenged by continual encounters with difference. But this is not the case, nor ever was. We are, almost everywhere, a mix of different religions, races, ethnicities, clans and peoples. In this situation, individual deviations from our normative expectations can, as we have seen, be accommodated either through some sort of claims to exceptionalism that do not challenge our normative order or through the addition of further »bits« of information that »explain« the anomaly. By explain we mean situate the behavior or ideas of said individual within our pre-existing conceptions even though they do not accord with those conceptions but also without challenging or overturning them. (»Ahmed seems a very reasonable person, with clearly liberal ideas about women, the political use of violence, the role of Islam in a multi-cultural society as well as a deep commitment to the democratic process.« He does not fit my pre-conceptions that all Muslims are terrorists. »Ah, but he did study at Boston College, a Jesuit institution, and that must explain his difference from other Muslims. This is why he is different from the others.«)

Herausforderung besteht also darin, Vorurteile abzubauen oder zumindest abzuschwächen, auch wenn wir den Gruppenbezug anerkennen, der ein wesentlicher Aspekt unseres (sozialen) Selbst ist.

All dies wäre kein Problem, wenn wir in relativ isolierten und homogenen Gemeinschaften leben würden, in denen wir nicht ständig mit Verschiedenheiten konfrontiert sind. Aber das ist und war nie der Fall. Wir sind nahezu allerorts eine Mischung aus verschiedenen Religionen, »Rassen«, Ethnien, Clans und Bevölkerungsgruppen. In dieser Situation können individuelle Abweichungen von unseren normativen Erwartungen, wie wir gesehen haben, entweder durch die Behauptung von Außergewöhnlichkeit, die unsere normative Ordnung nicht in Frage stellt, oder durch die Hinzufügung weiterer »Informationen«, die die Anomalie »erklären«, aufgefangen werden. Mit »erklären« meinen wir, dass wir das Verhalten oder die Ideen des besagten Individuums in unsere bereits bestehenden Vorstellungen einordnen, auch wenn sie nicht mit diesen Vorstellungen übereinstimmen, ohne sie jedoch in Frage zu stellen oder umzustoßen. (»Ahmed scheint ein sehr vernünftiger Mensch zu sein, mit eindeutig liberalen Vorstellungen über Frauen, die politische Anwendung von Gewalt, die Rolle des Islam in einer multikulturellen Gesellschaft sowie einem tiefen Engagement für den demokratischen Prozess.« Er passt nicht in mein Vorurteil, dass alle Muslime

Generally, by such methods most of us, most of the time, can both maintain our vision of the world and at the same time accommodate individual, idiosyncratic divergences we experience in the world around us.

This is however not the case in respect to groups. For the move to reassess our assumptions about groups as a whole (say those we are in conflict or competition with) from our experience with a limited number of individuals (experiences which challenge our pre-conceptions) would threaten the sense of our own group distinction and with it the superiority of our group over others. This, the inherent ethnocentrism of groups, even of Tajfel's »minimal groups« is a critical aspect of group membership and so of our own sense of self as well. It is this that prevents us from recalibrating our views of the »other« group in line with our own individual experiences even when they are contrary to our pre-existing assumptions. Such a recalibration would simply be too threatening.

Terroristen sind. »Ah, aber er hat am Boston College studiert, einer jesuitischen Einrichtung, und das muss erklären, warum er sich von anderen Muslimen unterscheidet. Deshalb ist er anders als die anderen.«)

Im Allgemeinen können die meisten von uns mit solchen Methoden sowohl ihr Weltbild aufrechterhalten als auch gleichzeitig individuelle, idiosynkratische Abweichungen, die sie in der Welt um sich herum erleben, kompensieren.

Dies ist jedoch nicht der Fall, wenn es um Gruppen geht. Wenn wir unsere Annahmen über Gruppen als Ganzes (z. B. solche, mit denen wir in Konflikt oder im Wettbewerb stehen) aufgrund unserer Erfahrungen mit einer begrenzten Anzahl von Individuen (Erfahrungen, die unsere vorgefassten Meinungen in Frage stellen) neu bewerten, würde dies das Gefühl unserer eigenen Gruppendifferenzierung und damit die Überlegenheit unserer Gruppe gegenüber anderen gefährden. Dies, der inhärente Ethnozentrismus von Gruppen, selbst von Tajfels »Minimalgruppen«, ist ein kritischer Aspekt der Gruppenzugehörigkeit und damit auch unseres eigenen Selbstverständnisses. Das ist es, was uns daran hindert, unsere Ansichten über die »andere« Gruppe im Einklang mit unseren eigenen individuellen Erfahrungen neu zu kalibrieren, selbst wenn sie unseren bereits bestehenden Annahmen widersprechen. Eine solche Neukalibrierung wäre einfach zu bedrohlich.

We are thus thrust into a situation of cognitive dissonance, where a change to our frame of »meta-meanings« is too threatening to our sense of self, while at the same time our present experience contradicts these very »meta-meanings« which we, willy-nilly, bring to every concrete experience.

The result is clearly discomfort.

Discomfort and suspended judgment

What I am arguing for here however is precisely for us to live with this discomfort, to abide with it. Not to rush to resolve it in one of the various ways that the mind presents. All too often the desire to resolve this discomfort can lead us to totally erase – symbolically or otherwise – the group that has caused it. This is the dynamic behind the horrors perpetrated by that »narcissism of the small difference« that Sigmund Freud drew our attention to one hundred years ago. It is precisely the »small difference« that challenges our sense of self, that is our self-in-group, in a manner that the totally other does not. The »small difference« focuses our attention on precisely that one difference that challenges our whole conceptual scheme, and with it, our sense of who we are; with the consequence (for Freud) of our directing our innate aggression in their direction.

So geraten wir in eine Situation der kognitiven Dissonanz, in der eine Veränderung unseres Rahmens von »Meta-Bedeutungen« zu bedrohlich für unser Selbstverständnis ist, während gleichzeitig unsere gegenwärtige Erfahrung eben diesen »Meta-Bedeutungen« widerspricht, die wir unwillkürlich in jede konkrete Erfahrung einbringen.

Das Ergebnis ist eindeutig Unbehagen.

Unbehagen und Aussetzung des Urteilens

Ich plädiere jedoch genau dafür, dass wir mit diesem Unbehagen leben, es aushalten. Nicht, dass wir uns bemühen, es auf eine der verschiedenen Arten zu überwinden, die der Verstand uns vorgibt. Allzu oft kann der Wunsch, dieses Unbehagen zu überwinden, dazu führen, dass wir die Gruppe, die es verursacht hat, völlig auslöschen – symbolisch oder auf andere Weise. Dies ist die Dynamik, die hinter den Schrecken steht, die der »Narzissmus der kleinen Differenzen« verursacht, auf den Sigmund Freud vor hundert Jahren aufmerksam gemacht hat. Es ist genau die »kleine Differenz«, die unser Selbstverständnis, d. h. unser Selbst in der Gruppe, in einer Weise herausfordert, wie es der völlig andere nicht tut. Die »kleine Differenz« lenkt unsere Aufmerksamkeit auf genau diesen einen Unterschied, der unser gesamtes konzeptuelles Schema in Frage stellt, und damit

We can symbolically dismiss the totally other (though indeed there is never such a person or group) without any threat to our own self-conception. As is well known, and as noted above, this has also been done in real, physical, not simply symbolic ways as well – hence the phenomena of depersonalization and dehumanization noted above. It is indeed precisely this dehumanization – the removal of the other beyond the very broadest boundaries of a shared humanity – that allows the perpetration of atrocities. The near-other on the other hand, he or she defined solely by the »small difference« cannot be so easily erased without such a move threatening ourselves as well, as we share so much with them, everything in fact except the »small difference«. Hence the tendency to replace the »small difference« with an unbridgeable one and making of the near-other the totally other against whom we can act with moral impunity.

What I am arguing for here however is neither succumbing to the catharsis of enacted aggression, nor the mental »feints« of explaining away cognitive dissonance, nor even the rejection of our sense of self and group belonging in light of the challenge

auch unser Gefühl dafür, wer wir sind; mit der Folge (für Freud), dass wir unsere angeborene Aggression in ihre Richtung lenken.

Wir können den *völlig Anderen* symbolisch abtun (obwohl es eine solche Person oder Gruppe in der Tat nie gibt), ohne dass unser eigenes Selbstverständnis gefährdet ist. Bekanntlich ist dies, wie oben erwähnt, auch auf reale, physische, nicht nur symbolische Weise geschehen – daher die oben erwähnten Phänomene der Entpersönlichung und Entmenschlichung. Es ist in der Tat genau diese Entmenschlichung – die Entfernung des Anderen über die weitesten Grenzen eines gemeinsamen Menschseins hinaus – die die Begehung von Gräueltaten ermöglicht. Der *beinahe Andere* hingegen, der nur durch die »kleine Differenz« definiert wird, kann nicht so leicht ausgelöscht werden, ohne dass dies auch uns selbst bedroht, da wir so viel mit ihm teilen, eigentlich alles außer die »kleine Differenz«. Daher die Tendenz, die »kleine Differenz« durch eine unüberbrückbare zu ersetzen und aus dem *beinahe Anderen* den *völlig Anderen* zu machen, gegen den wir moralisch ungestraft vorgehen können.

Ich plädiere jedoch weder dafür, der Katharsis der ausgelebten Aggression zu erliegen, noch für die mentalen »Finten«, mit denen kognitive Dissonanzen wegdiskutiert werden, oder gar für die Ablehnung unseres Selbstverständnisses und unserer Gruppenzugehörigkeit angesichts der Herausforde-

posed by experience to our existing categories and frames of meaning.

I can continue to be a good Baptist or Shona or Jew or Muslim, or Black American and also realize that much of what my grandmother taught me about Catholics or Ndebeles or »Goyim« or Jews was actually wrong and simply based on what Francis Bacon termed so many centuries ago, the »idols of the tribe«. Doing so however necessitates being willing to exist with a certain degree of discomfort, and it is that which – as counterintuitive as it may seem – I am advocating here.

Here then we must return to the idea of bearing, of suffering discomfort and refusing the attractive as well as facile incorporation of what is truly different into our always already existing categories and conceptions. If what was tolerated in medieval law was the very existence of Jews and prostitutes, I am suggesting that we refine the term to mean that we suffer our own discomfort at what challenges our existing ways of knowing. Just as a third grader struggles with the discomfort of a new problem in arithmetic or spelling and must learn to live with that discomfort and not throw the pencil down and run away in a fit of rage so must we learn to live with the discomfort of what maintains its difference despite our attempts at its assimilation. Moreover and just as by not throwing the pencil down and running

rung, die die Erfahrung für unsere bestehenden Kategorien und Sinnstrukturen darstellt.

Ich kann weiterhin ein guter Baptist oder Schona oder Jude oder Muslim oder schwarzer Amerikaner sein und gleichzeitig erkennen, dass vieles von dem, was mir meine Großmutter über Katholiken oder Ndebeles oder »Goyim« oder Juden beigebracht hat, tatsächlich falsch war und einfach auf dem beruhte, was Francis Bacon vor so vielen Jahrhunderten als »Götzen des Stammes« bezeichnete. Dazu muss man jedoch bereit sein, ein gewisses Maß an Unbehagen in Kauf zu nehmen, und genau dafür plädiere ich hier – so kontraintuitiv es auch erscheinen mag.

Hier müssen wir also zurückkommen auf die Idee des Ertragens, des Erleidens von Unbehagen und der Verweigerung der attraktiven wie auch leichtfertigen Einbindung dessen, was wirklich anders ist, in unsere immer schon bestehenden Kategorien und Vorstellungen. Wenn das, was im mittelalterlichen Recht toleriert wurde, die Existenz von Juden und Prostituierten war, dann schlage ich vor, dass wir den Begriff dahingehend verfeinern, dass wir unser eigenes Unbehagen an dem ertragen, was unsere bestehenden Wissensformen in Frage stellt. So wie ein Drittklässler mit dem Unbehagen einer neuen Rechen- oder Rechtschreibaufgabe kämpft und lernen muss, mit diesem Unbehagen zu leben und nicht den Bleistift wegzuwerfen und in einem Wutanfall davonzulaufen, so müssen wir lernen, mit

away the young boy or girl learns to move beyond the self-evident calculations of addition and subtraction (self-evident for they are amenable to illustration through what is termed »manipulatives«) to the more complicated procedures of multiplication and division (which are less self-evident to a seven year old) so we too, through abiding with our discomfort can learn to move beyond the contradictions which prefigured it.

To be clear, moving beyond the contradictions does not necessarily entail resolving them nor erasing the discomfort which they may lead to. It does however involve changing our attitudes towards both contradiction and discomfort: to understand them as simply part of our life with people rather than as problems to be overcome or resolved. As a wise psychiatrist from New York, Theodore Rubin once remarked, »The problem is not that there are problems. The problem is expecting otherwise and thinking that having problems is a problem.«

One way to potentially move beyond such a frame of meaning, is to begin to understand the discomfort forged by those contradictions existing between our categories and our experience as a form of what John

dem Unbehagen dessen zu leben, was trotz unserer Assimilationsversuche seine Verschiedenheit beibehält. Und so wie der kleine Junge oder das kleine Mädchen lernt, über die selbstevidenten Berechnungen von Addition und Subtraktion (die selbstevident sind, weil sie mit Hilfe von so genannten »Manipulatoren« veranschaulicht werden können) hinaus zu den komplizierteren Verfahren der Multiplikation und Division (die für einen Siebenjährigen weniger selbstevident sind) zu gelangen, so können auch wir durch das Aushalten unseres Unbehagens lernen, über die Widersprüche, die ihm vorausgingen, hinauszugehen.

Die Widersprüche zu überwinden, bedeutet nicht unbedingt, sie aufzulösen oder das Unbehagen, das sie hervorrufen können, zu beseitigen. Es bedeutet jedoch, dass wir unsere Einstellung zu den Widersprüchen und dem Unbehagen ändern müssen: Wir müssen sie als Teil unseres Lebens mit den Menschen begreifen und nicht als Probleme, die es zu überwinden oder zu lösen gilt. Wie ein erfahrener Psychiater aus New York, Theodore Rubin, einmal bemerkte: »Das Problem ist nicht, dass es Probleme gibt. Das Problem ist, etwas anderes zu erwarten und zu denken, dass Probleme zu haben, ein Problem ist«.

Eine Möglichkeit, über einen solchen Orientierungsrahmen hinauszugehen, besteht darin, das Unbehagen, das durch die Widersprüche zwischen unseren Kategorien und unserer Erfahrung entsteht, als

Dewey termed »suspended judgment« (if perhaps of an unintentional nature).

To remain in a state of suspended judgment, of not knowing (and not claiming to know) the other is always a risky business, as it demands of us to refrain from defining and hence predicting other's behavior. Agreeing to submit ourselves to this hiatus in explanation, meaning and judgment is no mean feat. It is an extremely difficult and exhausting exercise, for it demands living in suspense, and with an appreciation that our understanding of the situation as incomplete, doubtful, and problematic. Hence of course the discomfort.

John Dewey described this process rather well:

»Reflective thinking is always more or less troublesome because it involves overcoming the inertia that inclines one to accept suggestions at their face value, it involves the willingness to endure a condition of mental unrest and disturbance. Reflective thinking, in short, means judgment suspended during further inquiry, and suspense is likely to be somewhat painful. ... To maintain a state of doubt and to carry on a systematic and protracted inquiry – these are the essentials of thinking.«[8]

eine Form dessen zu verstehen, was John Dewey als aufgeschobenes Urteil bezeichnete (wenn auch vielleicht unbeabsichtigter Natur).

In einem Zustand der Urteilsfreiheit zu verharren, den anderen nicht zu kennen (und auch nicht zu behaupten, ihn zu kennen), ist immer ein riskantes Unterfangen, denn es verlangt von uns, dass wir das Verhalten des anderen nicht definieren und damit auch nicht vorhersagen können. Es ist keine leichte Aufgabe, sich auf diese Unterbrechung von Erklärungen, Bedeutungen und Urteilen einzulassen. Es ist eine äußerst schwierige und anstrengende Übung, denn sie erfordert ein Leben in der Schwebe und in dem Bewusstsein, dass unser Verständnis der Situation unvollständig, zweifelhaft und problematisch ist. Daraus ergibt sich natürlich das Unbehagen.

John Dewey hat diesen Prozess recht gut beschrieben:

»Reflektierendes Denken ist immer mehr oder weniger unbequem, denn es erfordert die Überwindung der Trägheit, die dazu neigt, Vorschläge für bare Münze zu nehmen, es erfordert die Bereitschaft, einen Zustand der geistigen Unruhe und Störung zu ertragen. Reflektierendes Denken bedeutet, kurz gesagt, dass das Urteilsvermögen während der weiteren Untersuchung ausgesetzt wird, wobei die Spannung verspricht, schmerzhaft zu werden. […] Einen Zustand des Zweifels aufrechtzuerhalten und eine systematische und langwierige Untersuchung durchzuführen, das sind die wesentlichen Merkmale des Denkens.«[8]

Indeed, Dewey goes further, claiming that the very essence of critical thinking is suspended judgment which, through examination and inquiry – and deferring conclusions- produces ideas. To think, Dewey explains to us, »means to bridge a gap in experience, to bind together facts or deeds otherwise isolated.«[9] Which is of course what our pre-existing categories are meant to do as well. They however do so through imposing conclusions already arrived at, almost a deductive process – rather than burdening us with a new process of inference – precisely what Dewey is challenging us to do, through the notion of judgments suspended.

An idea, for Dewey is »a meaning that is tentatively entertained, formed and used with reference to its fitness to decide a perplexing situation – a meaning used as a tool of judgment.«[10] And the judgment remains suspended until such time as we can assess its »fitness« in terms of some (perhaps only emergent) ›to do‹, rather than in terms of its goodness of fit to any pre-existing categories or conclusions.

Thus, we can begin to see the lineaments of a process, a perpetual process of learning that must be at work throughout our lives with others, rather

Dewey geht sogar noch einen Schritt weiter, indem er behauptet, dass das Wesen des kritischen Denkens in der Aussetzung des Urteilens besteht, das durch Untersuchung und Erkundung und das Aufschieben von Schlussfolgerungen Ideen hervorbringt. Denken, so erklärt uns Dewey, »bedeutet, eine Lücke in der Erfahrung zu überbrücken, Fakten oder Taten, die sonst isoliert sind, miteinander zu verbinden.«[9] Das ist natürlich auch der Zweck unserer bereits bestehenden Kategorien. Sie tun dies jedoch durch das Auferlegen von bereits erreichten Schlussfolgerungen, fast ein deduktiver Prozess, anstatt uns mit einem neuen Prozess der Schlussfolgerung zu belasten. Dies ist aber genau das, wozu uns Dewey durch den Begriff des ausgesetzten Urteilens herausfordert.

Für Dewey ist eine Idee »eine vorläufig erwogene, gebildete und verwendete Deutung im Hinblick auf ihre Eignung, eine verwirrende Situation zu entscheiden – eine Deutung, die als Werkzeug des Urteilens verwendet wird.«[10] Und das Urteil bleibt so lange ausgesetzt, bis wir seine »Tauglichkeit« in Bezug auf ein (vielleicht nur entstehendes) »zu tun« beurteilen können, und nicht in Bezug auf seine Passgenauigkeit zu irgendwelchen vorher existierenden Kategorien oder Schlussfolgerungen.

So können wir beginnen, die Züge eines Prozesses zu erkennen, eines fortwährenden Lernprozesses, der unser ganzes Leben lang mit anderen zusammen-

than any final closure or solution to a discretely formed and self-contained problem.

This suspension of judgment and consequently the parenthesis we must place around our pre-existing categories and prejudices is the cause of no little discomfort. We much prefer the certainty of »knowing« and so of being able to slot our experience into our already formed conjectures than the painful possibility of having to rethink our conjectures. That in matters of group identities and group judgments these conjectures are social representations as well (and not solely incorrect assumptions of different kinds) makes such an attitude all the more challenging. For by suspending judgment, I risk alienating myself from my very group of belonging as I no longer invoke our shared social representations (i. e., categories) in my explanations of social reality.

Bearing in mind the extent of these challenges, it makes good sense, I would think, to recognize that we must learn to bear the discomfort of judgment suspended. We must learn to abide by, to suffer, the discomfort of having no ready-made conceptualization of alter's behavior or even being. No box of categories at hand with which to frame our inter-

arbeiten muss, und nicht irgendeinen endgültigen Abschluss oder eine Lösung für ein diskret geformtes und in sich geschlossenes Problem.

Diese Aussetzung des Urteilens und folglich die Klammer, die wir um unsere bereits bestehenden Kategorien und Vorurteile setzen müssen, ist die Ursache für nicht wenig Unbehagen. Wir ziehen die Gewissheit des »Wissens« und damit die Möglichkeit, unsere Erfahrungen in unsere bereits gebildeten Vorstellungen einzuordnen, der schmerzhaften Möglichkeit vor, unsere Vorstellungen überdenken zu müssen. Die Tatsache, dass es sich bei diesen Vermutungen in Bezug auf Gruppenidentitäten und Gruppenurteile auch um soziale Repräsentationen handelt (und nicht nur um falsche Annahmen unterschiedlicher Art), macht eine solche Haltung noch schwieriger. Denn wenn ich mein Urteilen aussetze, riskiere ich eine Entfremdung von der Gruppe, der ich angehöre, da ich mich bei meinen Erklärungen der sozialen Realität nicht mehr auf unsere gemeinsamen sozialen Repräsentationen (d. h. Kategorien) berufe.

In Anbetracht des Ausmaßes dieser Herausforderungen ergibt es meiner Meinung nach Sinn, anzuerkennen, dass wir lernen müssen, das Unbehagen zu ertragen, das mit der Aussetzung des Urteilens verbunden ist. Wir müssen lernen, das Unbehagen auszuhalten und zu ertragen, dass wir keine vorgefertigten Konzepte für das Verhalten oder gar das

action – but rather an openness to process, to that true dialogical »turn to the other« that Buber describes; one whose outcome cannot be known in advance.

This is a tall order. And it may be that the necessary propaedeutic for such can only be found in more traditionally defined cultures. Such Islamic notions as *hilm* (humility), Judaic notions of what Menachem Fisch once termed »epistemological modesty« or Christian injunctions against pride all would seem to point in this direction. The humility occasioned by knowing the limits of what we can reasonably know is a fair start to living with the discomfort of the other in their real presence.

Transcendence helps.

Sein von Menschen haben. Dass wir ferner keine Kategorien zur Hand haben, mit denen wir unsere Interaktion gestalten können, sondern dass wir offen sind für den Prozess, für die wahre dialogische »Hinwendung zum Anderen«, die Buber beschreibt und deren Ergebnis wir nicht im Voraus wissen können.

Das ist eine große Aufgabe. Und es mag sein, dass das notwendige Propädeutikum dafür nur in eher traditionell geprägten Kulturen zu finden ist. Islamische Begriffe wie hilm (Demut), jüdische Begriffe wie das, was Menachem Fisch einmal als »erkenntnistheoretische Bescheidenheit« bezeichnet hat, oder christliche Gebote gegen Stolz scheinen alle in diese Richtung zu weisen. Die Demut, die sich aus dem Wissen um die Grenzen dessen ergibt, was wir vernünftigerweise wissen können, ist ein guter Anfang, um mit dem Unbehagen am Gegenüber in dessen realer Gegenwart zu leben.

Transzendenz hilft.

Notes

1 Martin Buber, Between Man and Man, Boston 1955, 19–20.

2 Alexander Romanovich Luria, Cognitive Development, Its Cultural and Social Foundations, Cambridge 1976, 55.

3 Henri Tajfel, Human Groups and Social Categories, Cambridge 1981.

4 Miles Hewston and Jos M. F. Jaspers, Intergroup Relations and Attribution Processes, in: Henri Tajfel (ed.), Social Identity and Intergroup Relations, Cambridge 1982, 99–133: 114.

5 Gregory Bateson, Steps to an Ecology of Mind, New York 1972, 137.

6 Emile Durkheim, The Elementary Forms of Religious Life, London 1915, 16.

7 Emile Durkheim, The Dualism on Human Nature and its Social Conditions, in: Robert Bellah (ed.), Emile Durkheim on Morality and Society, Chicago 1973, 149–163: 153.

8 John Dewey, How We Think, New York 1991, 23.

9 Ibid, 80.

10 Ibid., 108.

Anmerkungen

1 Martin Buber, »Zwiesprache«, in: Martin Buber Werkausgabe 4, Schriften über das dialogische Prinzip, hg. von Andreas Losch und Paul Mendes-Flohr, Gütersloh 2019, 130.

2 Alexander Romanowitsch Luria, Cognitive Development, Its Cultural and Social Foundations, Cambridge 1976, 55.

3 Henri Tajfel, Human Groups and Social Categories, Cambridge 1981.

4 Miles Hewston and Jos M. F. Jaspers, Intergroup Relations and Attribution Processes, in: Henri Tajfel (Hg.), Social Identity and Intergroup Relations, Cambridge 1982, 99–133: 114 [Übers. D. S.].

5 Gregory Bateson, Steps to an Ecology of Mind, New York 1972, 137 [Übers. D. S.].

6 Emile Durkheim, Die elementaren Formen des religiösen Lebens, übers. von Ludwig Schmidts, Frankfurt am Main 1981, 36 f.

7 Emile Durkheim, Der Dualismus der menschlichen Natur und seine sozialen Bedingungen, übers. von Friedrich Jonas, in: Friedrich Jonas (Hg.), Geschichte der Soziologie III. Französische und italienische Soziologie mit Quellentexten, Reinbek bei Hamburg 1969, 178–190: 181.

8 John Dewey, How We Think, New York 1991, 23 [Übers. D. S.].

9 Ebd., 80 [Übers. D. S.].

10 Ebd., 108 [Übers. D. S.].

Values are the New Religion

by

Linda Woodhead

Werte sind die neue Religion

von

Linda Woodhead

In 1947, on the occasion of her 21ˢᵗ birthday, Princess Elizabeth – soon to become Queen – made a radio broadcast to the British Empire. ›I declare before you all,‹ she said, ›that my whole life whether it be long or short shall be devoted to your service and the service of our great imperial family to which we all belong.‹[1] Though Empire gave way to Commonwealth and Britain's power swiftly declined, the Queen remained loyal to an ethic of self-giving service underpinned by her Christian faith. She called Jesus her example and inspiration in putting aside personal interests to dedicate her life to others and the institution of monarchy.[2]

For her daughter-in-law Princess Diana, this ethic was out of date. She stood not for duty but of openhearted authenticity. She embraced victims of AIDS and cancer, and spoke of her own struggles and unhappiness, and put people before protocol.[3] Meghan Markle, the next generation daughter-in-law, takes things a step further. She describes herself as an ›activist‹, someone who uses their own unique experience as a basis to help others. Her cause is racial

1947, anlässlich ihres 21. Geburtstags, richtete Prinzessin Elizabeth, die bald Königin werden sollte, eine Rundfunkansprache an das britische Empire. »Ich erkläre vor Ihnen allen«, sagte sie, »dass mein ganzes Leben, ob lang oder kurz, dem Dienst an Ihnen und dem Dienst an unserer großen Familie des Empire, zu der wir alle gehören, gewidmet sein wird.«[1] Obwohl das Empire dem Commonwealth wich und die Macht Großbritanniens rasch schwand, blieb die Königin einer Ethik des sich selbst hingebenden Dienstes treu, die durch ihren christlichen Glauben untermauert wurde. Sie nannte Jesus ihr Vorbild und ihre Inspiration, wenn es darum ging, persönliche Interessen zurückzustellen, um ihr Leben anderen und der Institution der Monarchie zu widmen.[2]

Für ihre Schwiegertochter Prinzessin Diana war dieses Ethos nicht mehr zeitgemäß. Sie stand nicht für die Pflicht, sondern für eine offenherzige Authentizität. Sie nahm sich der AIDS- und Krebsopfer an, sprach über ihre eigenen Probleme und ihr Unglück und stellte die Menschen über das Protokoll.[3] Meghan Markle, die Schwiegertochter der nächsten Generation, geht noch einen Schritt weiter. Sie bezeichnet sich selbst als »Aktivistin«, als

justice and the empowerment of women and girls, whom she urges to become ›philanthropists in their own lives‹.[4] Rather than serving the institution, she and Prince Harry want to expose the truth about the royal family and its racism. In the space of three generations there has been a profound ethical shift. Honesty and authenticity now trump duty and service, and the language of ›values‹ eclipses that of morality.

This lecture draws attention to a phenomenon that will be widely recognised by many in the audience: the rise of ›values‹ to social and cultural prominence since the late twentieth century. The focus is on liberal democracies with a Christian heritage. As well as attempting to explain and situate the sacralisation of values, I examine how they have changed, showing how a ›give your life‹ ethic has given way to a ›live your life‹ ethic. I draw on three decades of empirical research and consider theological and sociological factors contributing to this change.

jemand, der seine eigenen Erfahrungen als Grundlage nutzt, um anderen zu helfen. Ihr Anliegen ist Gerechtigkeit für rassistisch Diskriminierte und die Stärkung von Frauen und Mädchen, die sie dazu auffordert, »Philanthropinnen in ihrem eigenen Leben« zu werden.[4] Anstatt der Institution zu dienen, wollen sie und Prinz Harry die Wahrheit über die königliche Familie und ihren Rassismus aufdecken. Im Laufe von drei Generationen hat sich ein tiefgreifender ethischer Wandel vollzogen. Ehrlichkeit und Authentizität übertrumpfen jetzt Pflicht und Dienst, und die Sprache der »Werte« verdrängt die der Moral.

Dieser Vortrag richtet seine Aufmerksamkeit auf ein Phänomen, das vielen Zuhörern bekannt sein dürfte: der Aufstieg von »Werten« zu sozialer und kultureller Prominenz seit dem späten zwanzigsten Jahrhundert. Der Schwerpunkt liegt dabei auf liberalen Demokratien mitkultureller Prägung durch das Christentum. Ich versuche nicht nur, die Sakralisierung von Werten zu erklären und zu kontextualisieren, sondern untersuche auch, wie sie sich verändert haben, indem ich zeige, wie eine Ethik des »Gib dein Leben« einer Ethik des »Lebe dein Leben« gewichen ist. Ich stütze mich dabei auf drei Jahrzehnte empirischer Forschung und berücksichtige theologische und soziologische Faktoren, die zu diesem Wandel beitragen.

The New Values Visibility

If you ask a young person today what their values are, they answer with a readiness that is not typical of older generations. When interviewing students of Generation Z – those born from 1995 onwards – in the USA and UK on a recent research project, we found that they often mentioned their values when asked to introduce themselves, along with identity markers like race and gender, and personal traits.[5] Reference to values would recur when we asked them about topics like politics and social media. Young people seek out those who share their values and turn away from those who do not. As one student said, ›I kind of group myself with people who share my same views … we are really alike in terms of our values.‹[6] When they form communities online, they often draw up a list of rules and values to help express what they stand for and regulate behaviour: values like ›safety‹ and ›respect‹. In later life they are attracted to careers and opportunities in line with their values. Values act as identity-markers, signposts, guiderails and third rails.

Die neue Sichtbarkeit der Werte

Fragt man junge Menschen heute nach ihren Werten, antworten sie mit einer Bereitschaft, die für ältere Generationen nicht typisch ist. Als wir im Rahmen eines kürzlich durchgeführten Forschungsprojekts in den USA und im Vereinigten Königreich Studierende der Generation Z – also der ab 1995 Geborenen – befragten, stellten wir fest, dass sie häufig ihre Werte nannten, wenn wir sie baten, sich vorzustellen, zusammen mit Identitätsmerkmalen wie ethnischer Zugehörigkeit und Geschlecht und persönlichen Eigenschaften.[5] Auch bei Fragen zu Themen wie Politik und soziale Medien wurde immer wieder auf Werte verwiesen. Junge Menschen suchen sich diejenigen, die ihre Werte teilen, und wenden sich von denen ab, die das nicht tun. Eine Studentin sagte: »Ich schließe mich mit Leuten zusammen, die dieselben Ansichten haben … wir sind uns in unseren Werten sehr ähnlich«[6]. Wenn sie Online-Gemeinschaften bilden, stellen sie oft eine Liste von Regeln und Werten auf, um auszudrücken, wofür sie stehen, und um ihr Verhalten zu regeln: Werte wie »Sicherheit« und »Respekt«. Im späteren Leben werden sie von Berufen und Möglichkeiten angezogen, die mit ihren Werten übereinstimmen. Werte gelten als Identitätsmarker, Wegweiser, Leitlinien und nicht verhandelbare Prioritäten.

For values to work in these ways they have to be clear and easily communicable: explicit not implicit. We are dealing here not with common, everyday customs, or the habits of life that were once widely shared across society, nor with prescribed moral codes that must be obeyed. In order to be authentic and expressive, values now have to be self-selected – and there is a rich menu from which to choose. Typically, small sets of values – rarely fewer than three or more than a dozen – are selected. These value packages are personal or unique, even if the values of which they are composed are usually widely shared. Values can be captured in a single word like ›honesty‹ or ›respect‹ or summed up a short formulation like ›leave the world a better place than you found it‹. ›Values‹ is the word that supplants ›morality‹ or even ›ethics‹ to cover what is involved, for a value is more personal or subjective than a norm or a commandment. As in economics, something has value because someone values it.

For organisations as well as individuals, the ›value statement‹ had also become a common currency by the late 20th century. A quick search of any official website will quickly locate them. These statements help to define an organisation in both an outward-

Damit Werte auf diese Weise wirken können, müssen sie klar und leicht kommunizierbar sein: explizit, nicht implizit. Wir haben es hier nicht mit alltäglichen Bräuchen oder Lebensgewohnheiten zu tun, die einst in der Gesellschaft weit verbreitet waren, und auch nicht mit vorgeschriebenen Moralvorstellungen, die befolgt werden müssen. Um authentisch und aussagekräftig zu sein, müssen die Werte heute selbst gewählt werden – und es gibt ein reichhaltiges Menü, aus dem man wählen kann. In der Regel werden kleine Wertepakete – selten weniger als drei oder mehr als ein Dutzend – ausgewählt. Diese Wertepakete sind persönlich oder einzigartig, auch wenn die Werte, aus denen sie sich zusammensetzen, normalerweise weit verbreitet sind. Werte lassen sich in einem einzigen Wort wie »Ehrlichkeit« oder »Respekt« zusammenfassen oder in einer kurzen Formulierung wie »die Welt besser hinterlassen, als man sie vorgefunden hat«. »Werte« ist das Wort, das an die Stelle von »Moral« oder sogar »Ethik« getreten ist, um zu erfassen, worum es geht, denn ein Wert ist persönlicher oder subjektiver als eine Norm oder ein Gebot. Wie in der Wirtschaft hat etwas einen Wert, weil jemand es wertschätzt.

Sowohl für Organisationen als auch für Einzelpersonen war die »Werteerklärung« Ende des 20. Jahrhunderts zu einer gängigen Währung geworden. Eine kurze Suche auf einer offiziellen Webseite wird sie schnell auffinden. Die Aussagen solcher Werteer-

facing and an inward-facing way: they speak to outsiders and potential clients; and to employees and members. At their most cynical, they hold up an idealised image of how an institution would like to be seen – though they can still be used by critics to try to call them to account. As with individuals, it is not that organisations of the past had no values, but that they were more likely to be implicit and were often related to wider norms, particularly Christian ones. Schools and universities might have Latin mottoes and close links with a church, while businesses might be led by individuals or families with a strong religious conviction. What was absent was the compressed, publicly visible, formulaic value statement of today.

Values have become the focus of civic ceremonies across Europe and beyond. The most important example is the ›Pride‹ parades that now take place annually under the new sacred symbol of the rainbow. With origins in San Francisco in the 1970s and defence of gay rights in the context of AIDS, Pride parades have now spread across the world. The rainbow symbolises the beauty of the full spectrum of sexual difference. The recent addition of black and brown adds people of colour, while a triad of blue,

klärungen tragen dazu bei, eine Organisation sowohl nach außen als auch nach innen zu definieren: Sie wenden sich an Außenstehende und potenzielle Kunden sowie an Mitarbeitende und Mitglieder. In ihrer zynischsten Form vermitteln sie ein idealisiertes Bild davon, wie eine Institution gerne gesehen werden möchte – auch wenn sie von Kritikern genutzt werden können, um sie zur Verantwortung zu ziehen. Wie bei Einzelpersonen ist es nicht so, dass Organisationen in der Vergangenheit keine Werte hatten, sondern dass sie eher implizit waren und oft mit weiter gefassten Normen, insbesondere christlichen, zusammenhingen. Schulen und Universitäten konnten lateinische Mottos und enge Verbindungen zu einer Kirche haben, während Unternehmen von Einzelpersonen oder Familien mit einer starken religiösen Überzeugung geführt werden konnten. Was fehlte, war die komprimierte, öffentlich sichtbare, formelhafte Werteerklärung von heute.

Werte sind in ganz Europa und darüber hinaus in den Mittelpunkt gesellschaftlicher Zeremonien gerückt. Das wichtigste Beispiel sind die »Pride«-Paraden, die jetzt jährlich unter dem neuen heiligen Symbol des Regenbogens stattfinden. Die Pride-Paraden, die ihren Ursprung in den 1970er Jahren in San Francisco hatten und die Rechte der Homosexuellen im Zusammenhang mit AIDS verteidigten, haben sich inzwischen über die ganze Welt verbreitet. Der Regenbogen symbolisiert die Schönheit

pink and white has been imported from the trans flag. In liberal democracies the Pride celebrations are now organised by municipal authorities in partnership with civil society. The rainbow flag flies outside schools, government buildings, hospitals, and homes. It was widely used in the 2020–2022 Covid pandemic to express solidarity and hope.

Values are even being deployed to define national and supra-national identities and boundaries. In the early 1990s, against a background of concerns about Islamic radicalisation and the failure of multiculturalism in Europe, political initiatives were launched to define distinctive national and European values. The British government proposed a list that included ›democracy‹ and ›the rule of law‹, while the French included ›laïcité‹ and ›égalité‹, and the European Commission offered proposals for values education in schools. The common agenda was ensuring cohesion and marking boundaries. For the EU, the issue was the inclusion or exclusion of new member states. When Russia invaded Ukraine in 2022, the focus sharpened, with shared values now being invoked in order justify military action and alliances. As the European Commission's Vice-President said

des gesamten Spektrums der sexuellen Vielfalt. Die kürzlich hinzugefügten Farben Schwarz und Braun fügen Menschen anderer Hautfarbe hinzu, während der Dreiklang aus Blau, Rosa und Weiß aus der Trans-Flagge übernommen wurde. In den liberalen Demokratien werden die Pride-Feiern heute von den Stadtverwaltungen in Zusammenarbeit mit der Zivilgesellschaft organisiert. Die Regenbogenflagge weht vor Schulen, Regierungsgebäuden, Krankenhäusern und Wohnhäusern. Sie wurde während der Covid-Pandemie 2020–2022 häufig verwendet, um Solidarität und Hoffnung auszudrücken.

Werte werden sogar eingesetzt, um nationale und übernationale Identitäten und Grenzen zu definieren. In den frühen 1990er Jahren wurden vor dem Hintergrund der Besorgnis über die islamische Radikalisierung und das Scheitern des Multikulturalismus in Europa politische Initiativen gestartet, um charakteristische nationale und europäische Werte zu definieren. Die britische Regierung schlug eine Liste vor, die »Demokratie« und »Rechtsstaatlichkeit« enthielt, während die Franzosen »Laizität« und »Gleichheit« aufführten und die Europäische Kommission Vorschläge für die Werteerziehung in den Schulen machte. Die gemeinsame Agenda bestand darin, den Zusammenhalt zu sichern und Grenzen zu markieren. Für die EU ging es um die Aufnahme oder den Ausschluss neuer Mitgliedsstaaten. Als Russland 2022 in die Ukraine einmarschierte, ver-

in support of Ukraine's bid for EU membership: Ukrainians are ›dying for European values […] we want them in.‹[7] In 2022 in Russia, the Patriarch of Moscow invoked Pride parades as a reliable ›loyalty test‹ for dangerous Western values: ›For eight years there have been attempts to destroy what exists in Donbas,‹ Patriarch Kirill said, referring to the region where Kyiv has been at war with the separatist republics since 2014. By rejecting those parades Donbas has shown ›a fundamental rejection of the so-called values that are offered today by those who claim world power.‹[8]

The New Ethic

What has changed in recent generations is not just the visibility of values, nor the eagerness to invoke them, but the values themselves. The transvaluation of pride from being one of the seven deadly sins of Christian teaching to becoming the sacred value of popular parades shows how great the change has been. There is a shift from a Christian morality that

schärfte sich der Fokus, denn nun wurden gemeinsame Werte angeführt, um Militäraktionen und Bündnisse zu rechtfertigen. Wie der Vizepräsident der Europäischen Kommission bei der Unterstützung des ukrainischen Antrags auf EU-Mitgliedschaft sagte: Die Ukrainer »sterben für die europäischen Werte […] wir wollen sie dabeihaben«[7]. In Russland beschwor der Patriarch von Moskau 2022 die Pride-Paraden als zuverlässigen »Loyalitätstest« für gefährliche westliche Werte: »Seit acht Jahren wird versucht, das zu zerstören, was im Donbas existiert«, sagte Patriarch Kirill und bezog sich damit auf die Region, in der Kiew seit 2014 Krieg mit den separatistischen Republiken führt. Durch die Ablehnung dieser Paraden habe der Donbas »eine grundlegende Ablehnung der sogenannten Werte gezeigt, die heute von denen angeboten werden, die die Weltmacht beanspruchen«[8].

Die neue Ethik

Was sich in den letzten Generationen verändert hat, ist nicht nur die Sichtbarkeit der Werte und der Eifer, sie zu reklamieren, sondern die Werte selbst. Die Umwertung des Stolzes von einer der sieben Todsünden der christlichen Lehre zu einem heiligen Wert der öffentlichen Paraden zeigt, wie groß der Wandel war. Von einer christlichen Moral, bei

centred on subordination of self to higher goods, to a self-centred morality that is summed up by the title of Rihanna's song *Live Your Life* – your life, not anyone else's. The *Live Your Life* ethic is now taken for granted among most younger people – like Harry and Meghan – and in different versions it has resonance right across the cultural and political spectrum.

Despite worries about moral breakdown and culture wars, empirical investigations find a high level of agreement and cohesion around shared values. In the USA, Alan Wolfe's research uncovers a ›morality writ small‹ which has to do with ›ordinary duties‹ of care and contribution ›not extraordinary once-in-a-lifetime altruistic sacrifices associated with heroes.‹[9] In Britain, Don Cupitt notes ›the very sharp contrast between the extreme pluralism of our culture at the manifest level – its remarkable religious and philosophical diversity – and the very striking clarity and unanimity with which ordinary language conveys its consensus world-picture.‹[10] My empirical research in the UK reveals a similar consensus around core values, including the freedom of every individual to make their own life choices without interference (Wolfe finds the same in the USA). It also reveals a high level of consensus over what are often thought to be contentious issues, with clear agreement over

der die Unterordnung des eigenen Ichs unter höhere Güter im Mittelpunkt stand, ist man zu einer selbstzentrierten Moral übergegangen, die durch den Titel von Rihannas Lied »Live Your Life« – lebe dein Leben, nicht das eines anderen – zusammengefasst wird. Die »Live Your Life«-Moral ist heute für die meisten jüngeren Menschen – wie Harry und Meghan – eine Selbstverständlichkeit und findet in verschiedenen Versionen quer durch das kulturelle und politische Spektrum Anklang.

Trotz der Befürchtungen eines moralischen Zusammenbruchs und von Kulturkriegen zeigen empirische Untersuchungen ein hohes Maß an Übereinstimmung und Zusammenhalt in Bezug auf gemeinsame Werte. In den USA stellt Alan Wolfe in seinen Untersuchungen eine »morality writ small« (»Moral im Kleinformat«) fest, die mit »gewöhnlichen Pflichten« der Fürsorge und des Beitrags zu tun hat, »nicht mit außergewöhnlichen, einmaligen, altruistischen Opfern, die mit Helden assoziiert werden.«[9] In Großbritannien stellt Don Cupitt »den sehr scharfen Kontrast zwischen dem extremen Pluralismus unserer Kultur auf der manifesten Ebene – ihrer bemerkenswerten religiösen und philosophischen Vielfalt – und der sehr auffälligen Klarheit und Einmütigkeit fest, mit der die Alltagssprache ihr konsensuelles Weltbild vermittelt«[10] fest. Meine empirischen Untersuchungen im Vereinigten Königreich zeigen einen ähnlichen Konsens in Bezug

allowing abortion, same-sex marriage, and euthanasia (even though it is illegal). The underlying ethic which has now become dominant in Britain – and probably in many other liberal democracies – is the live your life ethic, which provides the same degree of consensus that Christian ethics were once able to provide.

As I have already mentioned, the revolution in which ›pride‹ has ceased to be a deadly sin and become a key virtue is indicative. It reflects the new high valuation placed upon the importance of each and every individual living out their own unique life fully and authentically. This is not just about self-expression, it is first and foremost about self-discovery. For the new ethic, there is an imperative to discover and enact who you uniquely are in order to achieve what Charles Taylor calls, ›intimate contact with oneself‹.[11] Identity is to be discovered and expressed not repressed. Everyone should be encouraged to take pride in who they are and to live that identity openly and joyously. Fictional and real-life tales of overcoming obstacles to attain such pride, however marginal and stigmatised your identity, are

auf zentrale Werte, einschließlich der Freiheit jedes Einzelnen, seine eigenen Lebensentscheidungen ohne Einmischung zu treffen (Wolfe findet dasselbe in den USA). Sie zeigen auch ein hohes Maß an Konsens bei Themen, die oft als strittig gelten, mit einer klaren Zustimmung zur Zulassung von Abtreibung, gleichgeschlechtlicher Ehe und Euthanasie (obwohl sie illegal ist). Die zugrundeliegende Ethik, die jetzt in Großbritannien – und wahrscheinlich auch in vielen anderen liberalen Demokratien – vorherrschend geworden ist, ist die »Lebe dein Leben«-Ethik, die den gleichen Grad an Konsens bietet, den die christliche Ethik einst zu bieten vermochte.

Wie ich bereits erwähnt habe, ist die Revolution, in der »Stolz« nicht mehr als Todsünde gilt, sondern zu einer zentralen Tugend geworden ist, bezeichnend. Sie spiegelt den neuen hohen Stellenwert wider, der der Bedeutung jedes Einzelnen zukommt, der sein eigenes, einzigartiges Leben vollständig und authentisch auslebt. Dabei geht es nicht nur um Selbstdarstellung, sondern vor allem um Selbstentdeckung. Für die neue Ethik ist es unabdingbar, zu entdecken und zu leben, wer man wirklich ist, um das zu erreichen, was Charles Taylor »intimen Kontakt mit sich selbst«[11] nennt. Die Identität muss entdeckt und ausgedrückt und nicht unterdrückt werden. Jeder sollte ermutigt werden, stolz darauf zu sein, wer er ist, und diese Identität offen und freudig zu leben. Fiktive und reale Geschichten, in denen es

a stable of popular culture, from children's books to Disney movies and blockbuster TV series. ›Living your best life‹, life in in its fulness, whether you are gay or straight, black, or white, cis or transgender, has flipped from being seen as self-indulgent or sinful to being celebrated.

In Kendal in 2000–2002 when we surveyed churchgoers (mostly middle-aged and older) and asked them whether you should ›follow your heart‹ or ›think of others before yourself‹, 90 percent said ›think of others‹.[12] Today, when it comes to the ›good‹ of sacrificing to higher authorities – whether institutions, family, or God – doubts have set in. What Daniel Yankelovich called the old ›giving/getting‹ compact of a more paternalist era is now seen as too risky and restrictive for the individual. Institutions and higher authorities are as likely to crush your life as to enhance it. To give oneself to church, corporation or public service is to risk being used in their interests, not yours.[13]

It is telling that the symbol of the cross is no longer resonant in the way that the symbol of the

darum geht, Hindernisse zu überwinden, um diesen Stolz zu erreichen, egal wie marginal und stigmatisiert die eigene Identität auch sein mag, sind ein fester Bestandteil der Populärkultur, von Kinderbüchern über Disney-Filme bis hin zu Fernsehserien. »Sein bestes Leben zu leben«, das Leben in seiner ganzen Fülle, egal ob man homosexuell oder heterosexuell, schwarz oder weiß, cis- oder transgender ist, wird nicht mehr als zügellos oder sündhaft angesehen, sondern gefeiert.

Als wir in Kendal in den Jahren 2000–2002 Kirchenbesucher (meist mittleren Alters und älter) befragten, ob man »seinem Herzen folgen« oder »eher an andere als an sich selbst denken« solle, antworteten 90 Prozent mit »an andere denken«[12]. Wenn es heute um das »Gut« geht, sich höheren Autoritäten – seien es Institutionen, die Familie oder Gott – zu opfern, haben sich Zweifel breit gemacht. Das, was Daniel Yankelovich den alten »Geben/Empfangen«-Kompromiss aus einer eher paternalistischen Ära nannte, wird heute als zu riskant und einschränkend für den Einzelnen angesehen. Institutionen und höhere Autoritäten können das eigene Leben genauso wahrscheinlich zerstören wie es verbessern. Wer sich der Kirche, einem Unternehmen oder dem öffentlichen Dienst zur Verfügung stellt, riskiert, in deren Interesse benutzt zu werden, nicht in dem eigenen.[13]

Es ist bezeichnend, dass das Symbol des Kreuzes nicht mehr die gleiche Resonanz findet wie das Sym-

rainbow is. People are less likely to be inspired by Therese of Lisieux or Mother Theresa than by their grandma. They feel some responsibility for others, but within limits – too much shades into ›co-dependency‹. There is an egalitarianism in this: not everyone can be heroic, but everyone can be decent. Alan Wolfe finds a striving for balance between on the one hand loyalty and belonging, and on the other choosing for oneself the nature and extent of involvement with others. In the case of a conflict, the duty to self is likely to triumph.[14]

The new ethic holds that you should be who you are as well as supporting, and certainly not hindering, others in living their lives with pride and authenticity. When in 2019 we asked Gen Z (18–25-year-olds) ›in general, which do you think should come first, caring for yourself or caring for others,‹ half said ›we should balance the two.‹ Only 19 percent agreed that caring for others should come first. The new ethic places a premium on the values of kindness and respect for diversity. Respect means more than mere toleration. At a minimum it means acknowledging that others have a the same right as oneself to be different, to express who they are, to occupy space on their own terms, and to be supported in so doing. More strenuously, it means helping others, espe-

bol des Regenbogens. Die Menschen lassen sich seltener von Therese von Lisieux oder Mutter Theresa inspirieren als von ihrer Großmutter. Sie fühlen sich in gewissem Maße für andere verantwortlich, aber nur in begrenztem Maße – zu viel geht in eine »Co-Abhängigkeit« über. Darin liegt ein gewisser Egalitarismus: nicht jeder kann heldenhaft sein, aber jeder kann anständig sein. Alan Wolfe stellt fest, dass ein Gleichgewicht angestrebt wird zwischen Loyalität und Zugehörigkeit einerseits und der eigenen Entscheidung über Art und Ausmaß des Engagements für andere andererseits. Im Falle eines Konflikts wird die Verpflichtung gegenüber sich selbst wahrscheinlich triumphieren.[14]

Die neue Ethik besagt, dass man so sein sollte, wie man ist, und dass man andere dabei unterstützen und auf keinen Fall behindern sollte, ihr Leben mit Stolz und Authentizität zu leben. Als wir 2019 die Generation Z (18- bis 25-Jährige) fragten: »Was sollte grundsätzlich Ihrer Meinung nach an erster Stelle stehen: die Sorge um sich selbst oder die Sorge um andere?«, antwortete die Hälfte der Befragten: »Wir sollten beides in Einklang bringen«. Nur 19 Prozent stimmten zu, dass die Fürsorge für andere an erster Stelle stehen sollte. Die neue Ethik legt den Schwerpunkt auf die Werte Freundlichkeit und Respekt vor der Vielfalt. Respekt bedeutet mehr als bloße Duldung. Zumindest bedeutet es, dass man anerkennt, dass andere das gleiche Recht haben wie

cially those close to you, to become the best they can be. This outward-facing aspect of the ethic is not in contradiction with living your own best life, but integral to it. ›Disparaged as individualism by a sour faced ecclesiasticism,‹ says Hugh Rock, ›this self-fulfilment is in fact a mutual enterprise of support and encouragement. People encourage the fulfilment of the lives of others and others likewise help the fulfilment of our lives.‹[15] The point at which respect for difference reaches its limits in the new ethic is the point at which the safety and wellbeing of others is threatened.[16]

The live your life ethic also places a high premium on making a positive difference in the world in a way that flows authentically from your own life. Activists are those who do this in an intentional and impactful way by focusing on a particular issue that is authentic to them and perhaps also their community – like Malala Yousafzai, for example, who was shot by the Taliban and now campaigns for girl's education worldwide. But you do not have to be an activist to make a difference, since that can be done

man selbst, anders zu sein, auszudrücken, wer sie sind, den Raum zu ihren eigenen Bedingungen zu nutzen und dabei unterstützt zu werden. Noch mehr bedeutet es, anderen zu helfen, vor allem denen, die einem nahe stehen, das Beste zu werden, was sie sein können. Dieser nach außen gerichtete Aspekt der Ethik steht nicht im Widerspruch zum eigenen besten Leben, sondern ist integraler Bestandteil davon. »Diese Selbstverwirklichung, die von einer griesgrämigen Kirchentümelei als Individualismus verunglimpft wird«, sagt Hugh Rock, »ist in Wirklichkeit ein gegenseitiges Unternehmen der Unterstützung und Ermutigung. Die Menschen ermutigen die Verwirklichung des Lebens der anderen, und die anderen helfen ebenfalls bei der Verwirklichung unseres Lebens.«[15] Der Punkt, an dem die Achtung der Unterschiede in der neuen Ethik an ihre Grenzen stößt, ist der Punkt, an dem die Sicherheit und das Wohlergehen der anderen bedroht sind.[16]

Die »Lebe dein Leben«-Ethik legt auch großen Wert darauf, die Welt auf eine Art und Weise positiv zu verändern, die sich authentisch aus dem eigenen Leben ergibt. Aktivisten sind diejenigen, die dies auf bewusste und wirkungsvolle Weise tun, indem sie sich auf ein bestimmtes Thema konzentrieren, das für sie und vielleicht auch für ihre Gemeinschaft authentisch ist – wie zum Beispiel Malala Yousafzai, die von den Taliban angeschossen wurde und sich nun weltweit für die Bildung von Mädchen einsetzt.

in small intentional ways as well as grand political ones. It can happen in the course of everyday life and ordinary jobs. What matters is to work authentically, using your unique gifts, privileges, and experiences to make the world a better place.

The live your life ethic is compatible with both left- and right-wing politics, giving a new slant to both. Old-style conservatives who defend ›traditional‹ values including stable heterosexual families are now dismissed as ›paleo-conservatives‹ by younger right-wingers, while Gen Z dismisses old-style liberals as ›social justice warriors‹. The way people score on the personal value commitments of the new ethic (the issue of a good life) is separate from how they score on political values (the question of a good society). It is possible to believe that I am responsible for living my own life free of interference, that I should respect other people's right to do the same, and that it is good to help others and make the world a better place in authentic ways (personal ethics), but have very different views on welfare, the state, immigration and gun control (political ethics).

Aber man muss kein Aktivist sein, um etwas zu bewirken, denn das kann man sowohl im Kleinen als auch im Großen tun. Es kann im Alltag und in gewöhnlichen Jobs geschehen. Wichtig ist, dass man authentisch handelt und seine einzigartigen Gaben, Privilegien und Erfahrungen nutzt, um die Welt zu verbessern.

Die »Lebe dein Leben«-Ethik ist sowohl mit linker als auch mit rechter Politik vereinbar und verleiht beiden einen neuen Anstrich. Die Konservativen alten Stils, die »traditionelle« Werte wie stabile heterosexuelle Familien verteidigen, werden von jüngeren Rechten als »Paläokonservative« abgetan, während die Generation Z die Liberalen alten Stils als »social justice warrior« abtut. Die Art und Weise, wie die Menschen bei den persönlichen Wertverpflichtungen der neuen Ethik (die Frage nach einem guten Leben) abschneiden, ist unabhängig davon, wie sie bei den politischen Werten (der Frage nach einer guten Gesellschaft) abschneiden. Es ist möglich zu glauben, dass ich dafür verantwortlich bin, mein eigenes Leben frei von Einmischung zu leben, dass ich das Recht anderer Menschen respektieren sollte, dasselbe zu tun, und dass es gut ist, anderen zu helfen und die Welt auf authentische Weise zu verbessern (persönliche Ethik) und doch gleichzeitig sehr unterschiedlicher Ansicht über Wohlfahrt, den Staat, Einwanderung und Regulation des Waffenbesitzes zu sein (politische Ethik).

The sins and evils of the new ethic are quite different from those of the old. Top of the list now is not pride but abuse, a concept whose emergence goes hand in hand with the live your life ethic. ›Abuse‹ refers to all that degrades and demeans, damages, and inhibits someone in living their best life with confidence and pride. Because children still have so much potential and are so vulnerable to harm, abuse of children becomes the ultimate sin and the paedophile becomes the antichrist, a sub-human figure.[17] Human nature, viewed in western Christian thought as inherently distorted and in need of tough correction and dramatic interventions, is now understood as vulnerable and in need of care and support because it can so easily be crushed and harmed.[18] For the new ethic, cruelty, neglect, bullying and unkindness as wrongs.[19] Things that were once dismissed as trivial, part of growing up, or necessary for toughening up, are now condemned as undermining human potential.

The moralisation of Christianity

To understand why values have become the new religion, we need to look at what happened to the old

Die Sünden und Übel der neuen Ethik sind ganz anders als die der alten. Ganz oben auf der Liste steht jetzt nicht mehr der Stolz, sondern der Missbrauch, ein Konzept, dessen Aufkommen mit der »Lebe dein Leben«-Ethik Hand in Hand geht. »Missbrauch« bezieht sich auf alles, was jemanden erniedrigt und entwürdigt, ihm schadet und ihn daran hindert, sein bestes Leben mit Vertrauen und Stolz zu leben. Weil Kinder noch so viel Potenzial haben und so anfällig für Schaden sind, wird der Missbrauch von Kindern zur ultimativen Sünde und der Pädophile zum Antichristen, zu einer untermenschlichen Figur.[17] Die menschliche Natur, die im westlichen christlichen Denken als inhärent entstellt und harter Korrekturen und dramatischer Eingriffe bedürftig erachtet wurde, wird nun als verletzlich und fürsorgebedürftig verstanden, weil sie so leicht zerbrochen und geschädigt werden kann.[18] Für die neue Ethik sind Grausamkeit, Vernachlässigung, Mobbing und Lieblosigkeit schweres Unrecht.[19] Was früher als trivial, als Teil des Erwachsenwerdens oder als notwendig zur Abhärtung abgetan wurde, wird heute als Untergrabung des menschlichen Potenzials verurteilt.

Die Moralisierung des Christentums

Um zu verstehen, warum Werte zur neuen Religion geworden sind, müssen wir uns ansehen, was

religion. The simplest story is about secularization and the triumph of ethical secular alternatives like humanism. The popular strapline is ›you don't need religion to be good‹. But this is not an adequate explanation because the values of secular rationalism have faltered too. Science has not delivered a workable ethic nor the progress that was promised, and the positivist idea that only measurable facts are real and everything else is more or less illusory is now widely received as bossy, reductive, and wrong. Substantial numbers of people in Europe, north America and Australasia still tick ›Christian‹ on censuses and surveys asking about their identities, and when they are asked why, some answer in terms of values – to act in a Christian way is still widely seen as a good thing.[20] But few of these people go to church anymore, even for life rituals, and when asked about organised religion they are mainly critical. The story of a zero-sum competition between unethical religion and ethical secularism is too simple an account of value change. Instead, we have to consider the role of Christianity itself in the sacralization elevation of values, in a process that ultimately undermined its own influence.

mit der alten Religion geschehen ist. Die einfachste Erklärung ist die der Säkularisierung und des Triumphs ethischer säkularer Alternativen wie des Humanismus. Der beliebte Slogan lautet: »Man braucht keine Religion, um gut zu sein«. Aber das ist keine angemessene Erklärung, denn auch die Werte des säkularen Rationalismus sind ins Wanken geraten. Die Wissenschaft hat weder eine praktikable Ethik noch den versprochenen Fortschritt gebracht, und die positivistische Idee, dass nur messbare Fakten real sind und alles andere mehr oder weniger illusorisch ist, wird heute weithin als herrisch, reduktiv und falsch angesehen. Eine beträchtliche Anzahl von Menschen in Europa, Nordamerika und Australasien kreuzen bei Volkszählungen und Umfragen, in denen sie nach ihrer Identität gefragt werden, immer noch »christlich« an, und wenn man sie nach den Gründen fragt, antworten einige mit »Werten« – christlich zu handeln wird immer noch weithin als eine gute Sache angesehen.[20] Aber nur wenige dieser Menschen gehen noch in die Kirche, selbst für Lebensrituale, und wenn sie nach der organisierten Religion gefragt werden, äußern sie sich überwiegend kritisch. Die Geschichte eines Nullsummenwettbewerbs zwischen unethischer Religion und ethischem Säkularismus ist eine zu einfache Darstellung des Wertewandels. Stattdessen müssen wir die Rolle des Christentums selbst bei der sakralisierenden Überhöhung von Werten betrachten, in einem

Religion and values can be thought of as existing on a spectrum. At one end is religion without values – religion that is primarily about ritual and practices of connection with God/s and spiritual powers – and at the other end is religion that is so saturated with values that it seems to be all about moral improvement and God's law and little else. Historically, Judaism, Christianity and Islam all have a strong ethical and legal slant, and in the modern period this tendency intensified.

The moralisation of Christianity has roots at least as far back as the Reformation, which was as much a protest against the morals of the Catholic clergy and religious orders as it was a movement of doctrinal reform. Erasmus, for example, offers biting critique of the corruption and venality of the church and a call to return to a purified faith that follows the example of Jesus in truthfulness, simplicity, and care for the poor. This ethical, humanistic emphasis was carried into the Renaissance and subsequent liberalism, both religious and secular.[21] By the eighteenth century, the Deists were jettisoning the dogma and ›priestcraft‹ of Christianity almost completely in order to reveal a reasonable, ethical core at the heart of true

Prozess, der letztlich den Einfluss des Christentums selbst untergrub.

Religion und Werte können auf einem Spektrum betrachtet werden. Am einen Ende steht die Religion ohne Werte – eine Religion, bei der es in erster Linie um Rituale und Praktiken der Verbindung mit Gott/den Göttern und spirituellen Mächten geht, – und am anderen Ende steht die Religion, die so sehr von Werten durchdrungen ist, dass es scheinbar nur um moralische Verbesserung und Gottes Gesetz geht und um wenig anderes. Historisch gesehen haben das Judentum, das Christentum und der Islam alle eine starke ethische und religionsgesetzliche Ausrichtung, und in der Neuzeit hat sich diese Tendenz noch verstärkt.

Die Moralisierung des Christentums hat Wurzeln, die mindestens zur Reformation zurückreichen, die ebenso sehr ein Protest gegen die Moral des katholischen Klerus und der religiösen Orden war wie eine Bewegung zur Reform der Lehre. Erasmus zum Beispiel übte beißende Kritik an der Korruption und Käuflichkeit der Kirche und rief dazu auf, zu einem gereinigten Glauben zurückzukehren, der dem Beispiel Jesu in Bezug auf Wahrhaftigkeit, Einfachheit und Fürsorge für die Armen folgt. Dieser ethische, humanistische Akzent wurde in der Renaissance und dem nachfolgenden Liberalismus sowohl im religiösen als auch im weltlichen Bereich fortgesetzt.[21] Mit dem 18. Jahrhundert verwarfen die Deisten das Dog-

religion. In the nineteenth century ethicising tendencies took shape in mainline liberal Christianity. The wider context of this optimistic, progressivist faith was the imperial success of Protestant nations, particularly Britain and America, and the dream of a twentieth century of global harmony, peace, and progress.[22] As the motto of the World's Parliament of Religions in Chicago in 1893 put it, ›Have we not all one Father? Did not one God create us?‹[23]

Theological critique of modern industrial society also contributed. In Britain the Christian socialism of F. D. Maurice, R. S. Tawney and William Temple; in America the Social Gospel of Walter Rauschenbusch and John Bennet; in the Catholic world Catholic Social Teaching. All offered visions of human societies based around co-operation rather than competition. The vision was put into practice after the Second World War in Christian contributions to the new welfare states, and after the 1960s it was extended to previously marginalized groups by civil rights campaigners like Martin Luther King in the USA and Desmond Tutu in South Africa, then Liberation Theologians in South America and black and womanist theologians worldwide.[24] In the global ethic

ma und den »Priesterschwindel« des Christentums fast vollständig, um einen vernünftigen, ethischen Kern im Herzen der wahren Religion zu entdecken. Im neunzehnten Jahrhundert nahmen ethisierende Tendenzen im liberalen Christentum Gestalt an. Der breitere Kontext dieses optimistischen, fortschrittlichen Glaubens war der imperiale Erfolg der protestantischen Nationen, insbesondere Großbritanniens und Amerikas, und der Traum von einem zwanzigsten Jahrhundert der globalen Harmonie, des Friedens und des Fortschritts.[22] So lautete das Motto des Weltparlaments der Religionen in Chicago 1893: »Haben wir nicht alle einen Vater? Hat uns nicht ein Gott erschaffen?«[23]

Auch die theologische Kritik an der modernen Industriegesellschaft trug dazu bei. In Großbritannien der christliche Sozialismus von F. D. Maurice, R. S. Tawney und William Temple; in Amerika das soziale Evangelium von Walter Rauschenbusch und John Bennet; in der katholischen Welt die katholische Soziallehre. Alle boten Visionen menschlicher Gesellschaften, die auf Kooperation statt auf Wettbewerb beruhen. Diese Vision wurde nach dem Zweiten Weltkrieg in christlichen Bemühungen um die neuen Wohlfahrtsstaaten in die Praxis umgesetzt und nach den 1960er Jahren von Bürgerrechtlern wie Martin Luther King in den USA und Desmond Tutu in Südafrika, dann von Befreiungstheologen in Südamerika und schwarzen und feministischen Theo-

proposed by the Catholic theologian and Tübingen professor Hans Küng we find a last gasp of a universalising liberal faith which looks for the ethical core of all religions. The second World's Parliament of Religions of 1993 promoted this ethic, proposing to unite humanity around ›a common set of core values ... found in the teachings of the religions,‹ values that are ›already known, but yet to be lived in heart and action ... irrevocable, unconditional ... the condition for a sustainable world order.‹[25]

It is no surprise that the idea that religion is mainly about doing good became widely established in church life. To give a tiny glimpse of its influence, in Kendal in northern England at the start of the new millennium, we listened to sermons in the twenty-five churches in town over a two-year period. The vast majority were ethical encouragements, usually reflections on the love of God and how it should be translated into action.[26] Most focused on personal life and how to be a better person by helping others. Some also carried a more social or soft political message, often counterposing the selfishness, materialism, and individualism of modern society with the Christian demand to show a more loving approach and work for the common good. In inter-

logen weltweit auf zuvor marginalisierte Gruppen ausgedehnt.[24] In dem vom katholischen Theologen und Tübinger Professor Hans Küng vorgeschlagenen Weltethos finden wir ein letztes Aufbäumen eines universalisierenden liberalen Glaubens, der nach dem ethischen Kern aller Religionen sucht. Das zweite Weltparlament der Religionen von 1993 förderte dieses Ethos, indem es vorschlug, die Menschheit um »eine gemeinsame Reihe von Grundwerten […], die in den Lehren der Religionen zu finden sind« zu vereinen, Werte, die »bereits bekannt sind, aber noch in Herz und Tat gelebt werden müssen […] unwiderruflich, bedingungslos […] die Voraussetzung für eine nachhaltige Weltordnung.«[25]

Es ist nicht verwunderlich, dass sich die Vorstellung, es ginge in einer Religion hauptsächlich darum, Gutes zu tun, im kirchlichen Leben durchgesetzt hat. Um einen winzigen Eindruck vom Einfluss dieser Vorstellung zu vermitteln, haben wir in Kendal in Nordengland zu Beginn des neuen Jahrtausends über einen Zeitraum von zwei Jahren die Predigten in den fünfundzwanzig Kirchen der Stadt angehört. Bei der überwiegenden Mehrheit handelte es sich um ethische Ermutigungen, gewöhnlich um Reflexionen über die Liebe Gottes, und ihre Umsetzung in die Praxis.[26] Die meisten konzentrierten sich auf das persönliche Leben und darauf, wie man ein besserer Mensch wird, indem man anderen hilft. Einige enthielten auch eine eher soziale oder sanfte

views with churchgoers, we found that ethics judged religion: a Christian who did bad things was judged not to be Christian at all. Ideas about not being selfish persisted, but they were tempered by the idea that you should love your neighbour ›as yourself‹. Nancy Ammerman found ›golden rule‹ religion to be dominant in mainline Christianity in the USA as well.[27]

The moralisation of religion also happened on the right of Christianity in the later part of the twentieth century. Before the Moral Majority (founded 1979) there was Moral Re-Armament (founded 1938), and after that Christian Coalition (founded 1987). In 1992 Pat Buchanan, one of the founders of the Christian Coalition, first spoke of a ›culture war‹, a war which was about values and lifestyle more than doctrine. Anti-liberal moralised religion developed an increasingly sharp sense of moral defence, crusade, and conflict. Moral Rearmament had sought to change the world one soul at a time, but the later Christian campaigns rallied to the defence of ›fundamental‹ values felt to be under attack. The concern is not with progress towards universal love,

politische Botschaft, die oft dem Egoismus, dem Materialismus und dem Individualismus der modernen Gesellschaft die christliche Forderung entgegensetzte, sich liebevoller zu verhalten und sich für das Gemeinwohl einzusetzen. In Gesprächen mit Kirchenbesuchern stellten wir fest, dass die Ethik über die Religion urteilte: Ein Christ, der schlechte Dinge tat, wurde erst gar nicht als christlich beurteilt. Die Vorstellung, nicht selbstsüchtig zu sein, hielt sich hartnäckig, wurde aber durch die Idee abgemildert, dass man seinen Nächsten »wie sich selbst« lieben sollte. Nancy Ammerman stellte fest, dass die Religion der »Goldenen Regel« auch im Mainstream-Christentum in den USA vorherrscht.[27]

Die Moralisierung der Religion fand auch auf der rechten Seite des Christentums in der zweiten Hälfte des zwanzigsten Jahrhunderts statt. Vor der Moral Majority (gegründet 1979) gab es die Moral Re-Armament (gegründet 1938) und danach die Christian Coalition (gegründet 1987). 1992 sprach Pat Buchanan, einer der Gründer der Christian Coalition, erstmals von einem »Kulturkrieg«, einem Krieg, in dem es mehr um Werte und Lebensstil als um die Doktrin gehe. Die antiliberale moralisierte Religion entwickelte einen immer schärferen Sinn für moralische Verteidigung, Kreuzzug und Konflikt. Während Moral Re-Armament darauf abzielte, die Welt Seele für Seele zu verändern, zielten die späteren christlichen Kampagnen auf die Verteidigung »fun-

justice, and peace – stigmatised as ›Kumbaya‹ values – but with countering the moral decline of mainstream society and denouncing Christian liberalism. ›Mainline Protestantism was barely thanked for its help in bringing society to the point of secular self-sufficiency,‹ says conservative Catholic theologian Richard Neuhaus sarcastically.[28]

The anti-liberal turn was supported by theologians and senior church leaders, including all the popes after John XXIII. Pope John Paul II, a moral theologian by training, reversed the liberalising tendencies of Vatican II by attacking Liberation Theology and doubling down against birth control, abortion, pre-marital sex, women's liberation, and homosexuality.[29] The encyclical *Veritatis Splendor* (1993) offered a set of ›moral absolutes‹ that juxtaposed natural, God-given moral order against the unnatural and disorder of the modern world. Many mainline Protestant churches started to fracture over issues like contraception, women's ordination and same- sex marriage.[30] Although a majority of lay people in historic Catholic and Protestant churches

damentaler« Werte ab, die ihrem Empfinden nach angegriffen würden. Dabei geht es nicht um Fortschritte auf dem Weg zu universeller Liebe, Gerechtigkeit und Frieden – die als »Kumbaya«-Werte stigmatisiert werden –, sondern darum, dem moralischen Verfall der Mainstream-Gesellschaft entgegenzuwirken und den christlichen Liberalismus anzuprangern. »Dem Mainstream-Protestantismus wurde kaum dafür gedankt, dass er dazu beigetragen hat, die Gesellschaft an den Punkt der säkularen Selbstgenügsamkeit zu bringen«, sagt der konservative katholische Theologe Richard Neuhaus sarkastisch.[28]

Die antiliberale Wende wurde von Theologen und hochrangigen Kirchenführern unterstützt, einschließlich aller Päpste nach Johannes XXIII. Papst Johannes Paul II., ein ausgebildeter Moraltheologe, machte die liberalisierenden Tendenzen des Zweiten Vatikanischen Konzils rückgängig, indem er die Befreiungstheologie angriff und Geburtenkontrolle, Abtreibung, voreheliche Geschlechtsverkehr, die Befreiung der Frau und Homosexualität noch stärker ablehnte.[29] Die Enzyklika *Veritatis Splendor* (1993) bot eine Reihe von »moralischen Absolutheiten«, die die natürliche, gottgegebene moralische Ordnung der Unnatürlichkeit und Unordnung der modernen Welt gegenüberstellten. Viele protestantische Großkirchen begannen, sich an Themen wie Empfängnisverhütung, Frauenordination und gleich-

in liberal democracies have taken a more liberal line than their leaders, their views have been ignored.[31]

One success of conservative moralistic Christianity has been in promoting the idea that ›strict‹ Christian pro-life, pro-family and anti-gay values are ›Biblical‹ and ›orthodox‹ whereas liberal values are nothing but a weak-minded accommodation to secularity. The effect has been to identify ›Christian values‹ with anti-egalitarian and reactionary views, while severing humanitarian and progressive values from their Christian roots and labelling them secular. Today, the rejection of homosexuality and same-sex marriage creates a major ethical stumbling block for majorities of younger people in north America and much of Europe. As a student in our study of Gen Z said, ›Religion is like really looked down on in this generation because I think people are just kind of like realizing that – well, all our values conflict with a lot of religious values. I mean, as a generation, I'd say most people believe in accepting gay people. That goes against most religions …‹.[32]

geschlechtliche Ehe zu spalten.[30] Obwohl die Mehrheit der Laien in den historischen katholischen und protestantischen Kirchen in den liberalen Demokratien eine liberalere Linie vertraten als ihre Anführer, wurden ihre Ansichten ignoriert.[31]

Ein Erfolg des konservativen moralistischen Christentums bestand darin, die Idee zu verbreiten, dass »strenge« christliche Werte für das Leben, für die Familie und gegen Homosexualität »biblisch« und »orthodox« sind, während liberale Werte nichts anderes als eine willensschwache Anpassung an die Säkularität sind. Dies hat dazu geführt, dass »christliche Werte« mit anti-egalitären und reaktionären Ansichten gleichgesetzt werden, während humanitäre und progressive Werte von ihren christlichen Wurzeln getrennt und als säkular bezeichnet werden. Heute stellt die Ablehnung von Homosexualität und gleichgeschlechtlicher Ehe für die Mehrheit der jüngeren Menschen in Nordamerika und in weiten Teilen Europas ein großes ethisches Hindernis dar. Ein Student unserer Studie über die Generation Z sagte: »Religion wird in dieser Generation wirklich geringgeschätzt, weil ich glaube, dass die Menschen einfach erkennen, dass alle unsere Werte mit vielen religiösen Werten in Konflikt stehen. Ich würde sagen, die meisten Menschen dieser Generation glauben an die Akzeptanz von Homosexuellen. Das widerspricht den meisten Religionen …«[32]

The moralisation of religion, the anti-liberal turn, and various scandals including clerical abuse – not to mention international religious violence and terrorism – have propelled the idea that values have a higher authority than religion.[33]

Schooling in Values

The story of the rise and sacralization of values can be further understood by reference to schools. Schools are important both as microcosms of value change and because of their role in such change through socialisation and value promotion. Local and national government, educational specialists, and interest groups (both religious and secular), parents, children and teachers (around three-quarters of all teachers are female) all have a stake in schools. They are sites where different interests and ideologies vie to expand their influence. Because the nature and history of educational regimes is so specific to different countries and because time is limited, I will focus only on England and Wales.[34]

The importance of values in schooling is well-established. ›Education cannot and must not be value-

Die Moralisierung der Religion, die antiliberale Wende und verschiedene Skandale, darunter der Missbrauch durch Geistliche – ganz zu schweigen von internationaler religiöser Gewalt und Terrorismus – haben die Vorstellung gefördert, dass Werte eine höhere Autorität haben als die Religion.[33]

Wertevermittlung in der Schule

Die Geschichte des Aufstiegs und der Sakralisierung von Werten lässt sich anhand der Schule besser verstehen. Schulen sind sowohl als Mikrokosmos des Wertewandels als auch wegen ihrer Rolle bei diesem Wandel durch Sozialisierung und Wertevermittlung von Bedeutung. Lokale und nationale Regierungen, Bildungsexperten und Interessengruppen (sowohl religiöse als auch weltliche), Eltern, Kinder und Lehrerinnen und Lehrer (etwa drei Viertel aller Lehrer sind weiblich) haben alle ein besonderes Interesse an Schulen. Schulen sind Orte, an denen diese verschiedenen Interessen und Ideologien um die Ausweitung ihres Einflusses wetteifern. Da das Wesen und die Geschichte der Bildungssysteme in den verschiedenen Ländern so spezifisch sind und die Zeit begrenzt ist, werde ich mich nur auf England und Wales konzentrieren.[34]

Die Bedeutung von Werten in der Schulbildung ist allgemein bekannt. »Bildung kann und darf nicht

free,‹ says a 1992 education white paper.[35] Yet it is only rather recently that schools have offered value statements. As in society more generally, a common Christian heritage could be relied upon in the past to give a moral framework. Schooling in Britain has long been a joint enterprise in which the churches and the state co-operate together. Even today, a third of all state-funded schools in England and Wales are faith-based, most of them Christian and some Jewish – and since the 1990s a small number of Muslim, Sikh, and Hindu schools. Even the two-thirds of schools that do not have a religious character are required to offer acts of worship, school assemblies with homilies, and formal religious education.[36] In this way values were invisibly embedded and integrated into the school rhythms and practices, but school values were usually implicit rather than explicit.

Today, school values are spelled out and advertised on every school website. Since 1993 the government has required all schools to publish ›a statement on the ethos and values of the school.‹[37] A number of factors have brought this about. One was the fact that post-war immigration created vastly greater cultural and religious diversity in Britain

wertfrei sein«, heißt es in einem Weißbuch zur Bildung von 1992.[35] Dennoch geben Schulen erst in jüngster Zeit Werteerklärungen ab. Wie in der Gesellschaft im Allgemeinen konnte man sich in der Vergangenheit auf ein gemeinsames christliches Erbe stützen, um einen moralischen Rahmen zu schaffen. Das Schulwesen in Großbritannien ist seit Langem ein gemeinsames Unternehmen, bei dem die Kirchen und der Staat zusammenarbeiten. Auch heute noch ist ein Drittel aller staatlich finanzierten Schulen in England und Wales konfessionell gebunden, die meisten von ihnen christlich und einige jüdisch – und seit den 1990er Jahren auch eine kleine Anzahl von muslimischen, Sikh- und Hindu-Schulen. Selbst die zwei Drittel der Schulen, die keinen religiösen Charakter haben, sind verpflichtet, Gottesdienste, Schulversammlungen mit Predigten und formellen Religionsunterricht anzubieten.[36] Auf diese Weise wurden Werte unsichtbar in den Schulrhythmus und die Schulpraktiken eingebettet und integriert, aber die schulischen Werte waren in der Regel eher implizit als explizit.

Heute werden die schulischen Werte auf jeder Schulwebsite dargelegt und beworben. Seit 1993 verlangt die Regierung von allen Schulen, dass sie »eine Erklärung über das Ethos und die Werte der Schule«[37] veröffentlichen. Eine Reihe von Faktoren hat dies bewirkt. Einer davon war die Tatsache, dass die Einwanderung der Nachkriegszeit in Großbri-

than before. This, together with growing secular influences, made it impossible to assume a common Christian culture. Equalities legislation from the 1960s onwards reflecting the growing influence of Human Rights served to put all religions and none on a more equal footing, and non-Christian schools and individuals started to challenge Christian frameworks and ›indoctrination‹.

Another factor is increased competition between schools and more parental choice. There was a widespread perception that ›faith schools‹ were often the best schools. Although research shows that there are many different reasons for the success of faith schools including things like location, historic buildings, and other status indicators, it was widely felt that an important element was their having clear values and ethos. So other schools also started to spell out their values too – the more explicit, the better.

School value statements were also found to be useful by teachers. When I carried out research on values in a dozen primary (junior) state schools in Kendal in 2016, I was surprised by the enthusiasm with which headteachers talked to me about them.[38] Many had formulated these values in a consulta-

tannien zu einer weitaus größeren kulturellen und religiösen Vielfalt führte als zuvor. Dies und die zunehmenden säkularen Einflüsse machten es unmöglich, von einer gemeinsamen christlichen Kultur auszugehen. Die Gleichstellungsgesetze ab den 1960er Jahren, die den wachsenden Einfluss der Menschenrechte widerspiegeln, dienten dazu, alle Religionen und Religionslosigkeit gleichzustellen, und nichtchristliche Schulen und Einzelpersonen begannen, christliche Rahmenbedingungen und »Indoktrination« in Frage zu stellen.

Ein weiterer Faktor ist der verstärkte Wettbewerb zwischen den Schulen und die größere Wahlfreiheit der Eltern. Es herrschte die weit verbreitete Meinung, dass »Glaubensschulen« oft die besten Schulen sind. Obwohl die Forschung zeigt, dass es viele verschiedene Gründe für den Erfolg von Glaubensschulen gibt, darunter Dinge wie Standort, historische Gebäude und andere Statusindikatoren, war man allgemein der Meinung, dass ein wichtiges Element darin besteht, dass sie klare Werte und ein Ethos haben. Also begannen auch andere Schulen, ihre Werte zu formulieren – je deutlicher, desto besser.

Auch die Lehrkräfte hielten schulische Werteerklärungen für nützlich. Als ich 2016 in einem Dutzend staatlicher Grundschulen in Kendal Nachforschungen über Werte anstellte, war ich überrascht, mit welchem Enthusiasmus die Schulleiter darüber sprachen.[38] Viele hatten diese Werte in einem Bera-

tive process that included all the teaching staff and sometimes parents as well. They liked the fact that they could select values that represented the unique aspirations of their particular school. For example, in a deprived area of town, a school emphasised self-worth and confidence as values, since these were things they wanted to instil in their pupils in order to give them the best possible start in life. Value statements were often displayed on classroom walls and integrated not only into the informal curriculum, for example in school assemblies, but into formal lessons in English, Maths and so on. They were also important in schools' systems of discipline. One teacher I spoke with in a school in London explained how pupils can nominate one another for recognition when they display a school value in their behaviour. Conversely, students who contravene school values are disciplined, and the statement of values provides a clear rationale and set of ›red lines‹.

Charlotte Hobson, who has carried out a systematic study of values on the websites of schools in England as part of her doctoral research, finds that although school values tend to be diverse, the single most common value is ›respect‹, with over half of all state schools including this on their list of values.[39]

tungsprozess formuliert, an dem das gesamte Lehrpersonal und manchmal auch die Eltern beteiligt waren. Ihnen gefiel die Tatsache, dass sie Werte auswählen konnten, die die besonderen Bestrebungen ihrer Schule widerspiegelten. Eine Schule in einem benachteiligten Viertel der Stadt betonte beispielsweise Selbstwert und Selbstvertrauen als Werte, da sie ihren Schülern diese Werte vermitteln wollte, um ihnen den bestmöglichen Start ins Leben zu ermöglichen. Wertaussagen wurden häufig an den Wänden der Klassenzimmer angebracht und nicht nur in den informellen Lehrplan, z. B. in Schulversammlungen, sondern auch in den formellen Unterricht in Englisch, Mathematik usw. integriert. Auch in den Disziplinierungssystemen der Schulen spielten sie eine wichtige Rolle. Ein Lehrer, mit dem ich in einer Londoner Schule sprach, erklärte, dass sich die Schüler gegenseitig für eine Auszeichnung nominieren können, wenn sie in ihrem Verhalten einen der schulischen Werte zeigten. Umgekehrt werden Schüler, die gegen die Schulwerte verstoßen, diszipliniert, und die Werteerklärung liefert eine klare Begründung und eine Reihe von »roten Linien«.

Charlotte Hobson, die im Rahmen ihrer Doktorarbeit eine systematische Untersuchung der Werte auf den Websites von Schulen in England durchgeführt hat, kommt zu dem Ergebnis, dass die Werte der Schulen zwar vielfältig sind, der am weitesten verbreitete Wert jedoch »Respekt« ist, den mehr als

The broad and open-ended nature of the concept of respect makes it useful and adaptable. It can be used in schools as an aspirational value that encourages pupils to be respectful of one another's differences and thereby form a cohesive community despite religious and other forms of diversity. It can also be used as a rule of good behaviour (student-staff, staff-staff, and student-student), with penalties imposed for transgression. Growing awareness of the importance of child protection and legal duties to ensure the safety of children have added to the importance of being clear about boundaries and unacceptable behaviours.

Security concerns are a further factor. In 2014 the new legal obligation to uphold and promote ›fundamental British values‹ was introduced. The values are five-fold: respect, tolerance, the rule of law, democracy, and individual liberty.[40] They are now displayed in every school. Britain was not alone in making such a move. In France, for example, the French Ministry of Education announced a new course in Moral and Civic Education (l'enseignement moral et civique) in 2015 which promotes values of liberty, equality, fraternity, laïcité, justice, respect and non-discrimination.[41] And the Paris Declaration of the

die Hälfte aller staatlichen Schulen in ihre Werteliste aufnehmen.[39] Der breite und offene Charakter des Konzepts des Respekts macht es nützlich und anpassungsfähig. Er kann in Schulen als ein erstrebenswerter Wert verwendet werden, der die Schüler dazu ermutigt, die Unterschiede der anderen zu respektieren und so trotz religiöser und anderer Formen der Vielfalt eine zusammenhängende Gemeinschaft zu bilden. Er kann auch als Regel für gutes Benehmen (Schüler-Personal, Personal-Personal und Schüler-Schüler) verwendet werden, wobei Übertretungen geahndet werden können. Das wachsende Bewusstsein für die Bedeutung des Kinderschutzes und die gesetzlichen Verpflichtungen zur Gewährleistung der Sicherheit von Kindern haben dazu beigetragen, dass es wichtig ist, Grenzen und inakzeptable Verhaltensweisen klar zu benennen.

Sicherheitsbedenken sind ein weiterer Faktor. Im Jahr 2014 wurde die neue gesetzliche Verpflichtung zur Wahrung und Förderung der »britischen Grundwerte« eingeführt. Es handelt sich um fünf Werte: Respekt, Toleranz, Rechtsstaatlichkeit, Demokratie und individuelle Freiheit.[40] Sie sind nun in jeder Schule zu sehen. Großbritannien war nicht der einzige Staat, der einen solchen Schritt unternahm. In Frankreich beispielsweise kündigte das Bildungsministerium 2015 einen neuen Kurs für moralische und staatsbürgerliche Erziehung (l'enseignement moral et civique) an, der Werte wie Freiheit, Gleich-

same year promotes common values of freedom, tolerance and non-discrimination through education, signed by 28 EU Member States.[42] All these statements of values reflect a desire to identify and prevent ›radicalisation‹ as early as possible, using values to do so. So far as critics are concerned, this is a way of drawing a line between ›us‹ and ›them‹, thereby stoking xenophobia in general and Islamophobia in particular.[43]

Consequences for religion

Having explored the rise of values to become a new religion, it is time to consider some wider implications, looking first at what it means for the ›old‹ religion.

I have mentioned that there is nothing essential about the connection of religion with values, and no necessity for religious institutions and leaders to position themselves as moral authorities. I spoke of a spectrum of religion and values and how, when it does not concern itself much with values, religion is chiefly a spiritual or cultic matter, its concern

heit, Brüderlichkeit, Laizität, Gerechtigkeit, Respekt und Nichtdiskriminierung fördert.[41] Und die Pariser Erklärung aus demselben Jahr fördert gemeinsame Werte wie Freiheit, Toleranz und Nichtdiskriminierung durch Bildung, die von 28 EU-Mitgliedstaaten unterzeichnet wurde.[42] All diese Werteerklärungen spiegeln den Wunsch wider, »Radikalisierung« so früh wie möglich zu erkennen und zu verhindern und sich dabei auf Werte zu stützen. Kritiker sehen darin die Möglichkeit, eine Grenze zwischen »uns« und »anderen« zu ziehen und damit Fremdenfeindlichkeit im Allgemeinen und Islamophobie im Besonderen zu schüren.[43]

Konsequenzen für Religion

Nachdem wir den Aufstieg der Werte zu einer neuen Religion untersucht haben, ist es nun an der Zeit, einige umfassendere Auswirkungen zu betrachten, wobei wir zunächst untersuchen, was dies für die »alte« Religion bedeutet.

Ich habe erwähnt, dass die Verbindung von Religion und Werten nichts Wesentliches ist und dass es nicht notwendig ist, dass sich religiöse Institutionen und Anführer als moralische Autoritäten positionieren. Ich habe von einem Spektrum von Religion und Werten gesprochen und davon, dass Religion, wenn sie sich nicht viel mit Werten befasst, vor allem eine

being with the supernatural and enchanted, not morality. ›Love and do what you will‹ is, for example, the minimal ethical teaching of modern paganism. Many spiritual practices both old and new, including magical workings, divination, and sacrifice, have no essentially ethical aspect. Many gods and spirits are amoral, immoral, tricky, or downright dangerous.

I have considered the ›ethical creep‹ in modern religion towards the values end of the scale. As the struggle for numbers and influence has shifted from being an intra-religious to a secular-religious competition, and as critiques of religious belief intensified, the temptation to move to the values end of the spectrum increased. On the liberal wing of Christianity, this involved claims about progress out of injustice towards a universal order of love and peace; on the conservative wing, a defence of the family, heterosexual marriage, and ›traditional‹ values. In claiming the moral high ground, both sides have helped to create the religion of values.

spirituelle oder kultische Angelegenheit ist, bei der es um das Übernatürliche und Verzauberte geht und nicht um Moral. »Liebe und tu, was du willst« ist zum Beispiel die minimale ethische Lehre des modernen Heidentums. Viele alte und neue spirituelle Praktiken, einschließlich magischer Handlungen, Divination und Opferungen, haben keinen wesentlichen ethischen Aspekt. Viele Götter und Geister sind amoralisch, unmoralisch, hinterhältig oder geradezu gefährlich.

Ich habe mich mit der schleichenden Moralisierung, dem »ethical creep« in der modernen Religion befasst: der Bewegung hin zum werteorientierten Ende des Spektrums von Religion und Werten. In dem Maße, in dem sich der Kampf um Zahlen und Einfluss von einem innerreligiösen zu einem säkular-religiösen Wettbewerb verschoben hat und die Kritik am religiösen Glauben zunahm, wuchs auch die Versuchung, sich an das werteorientierte Ende des Spektrums zu bewegen. Für den liberalen Flügel des Christentums bedeutete dies die Behauptung eines Fortschritts aus der Ungerechtigkeit hin zu einer universellen Ordnung der Liebe und des Friedens; für den konservativen Flügel die Verteidigung der Familie, der heterosexuellen Ehe und der »traditionellen« Werte. Indem beide Seiten die moralische Überlegenheit für sich beanspruchen, haben sie dazu beigetragen, die Religion der Werte zu schaffen.

But the consequences of the Christian sacralisation of values have not been what leaders hoped for. Religion that is saturated with values often falls with them, when the values are found wanting – both when leaders do not live up to them, and when the values are called into question. There were negative consequences for trust in religion after the scandals associated with prominent televangelists, for example, and for Catholic Church as revelations about clerical abuse and its facilitation have poured out.[44] It is hard for moralistic religion to do well; the Quakers may be an exception, but even here, that does not translate into growth. On top of the negative consequences of hypocrisy, Christian moralisation has been undermined by the gradual shift to a new set of values which I have called the shift from give your life to live your life.

Thus, the moralisation of religion prepared the way not only for values to become the new religion, but for secularization and Christian decline. There may be some situations in which moralistic religion can succeed, at least for a time, for example when supporting a marginalised community in identity-defence against a majority, or in the context of fail-

Aber die Folgen der christlichen Sakralisierung von Werten waren nicht so, wie die Verantwortlichen es sich erhofft hatten. Eine Religion, die von Werten durchdrungen ist, geht oft mit ihnen unter, wenn sich herausstellt, dass die Werte unzureichend sind – sowohl dann, wenn die Anführer ihnen nicht gerecht werden, als auch dann, wenn die Werte in Frage gestellt werden. Die Skandale im Zusammenhang mit prominenten Fernsehpredigern hatten beispielsweise negative Folgen für das Vertrauen in Religion, für die katholische Kirche hatte es negative Konsequenzen, als immer wieder Enthüllungen über klerikalen Missbrauch und dessen Ermöglichung an die Öffentlichkeit gelangten.[44] Moralistische Religionen haben es schwer, erfolgreich zu sein; die Quäker mögen eine Ausnahme sein, aber selbst hier führt das nicht zu Wachstum. Zu den negativen Folgen der Scheinheiligkeit kommt hinzu, dass die christliche Moralisierung durch den allmählichen Übergang zu einem neuen Wertesystem unterminiert wurde, das ich den Übergang von »Gib dein Leben« zu »Lebe dein Leben« genannt habe.

So bereitete die Moralisierung der Religion nicht nur den Weg dafür, dass Werte die neue Religion wurden, sondern auch für die Säkularisierung und den Niedergang des Christentums. Es mag einige Situationen geben, in denen moralisierende Religion zumindest zeitweise erfolgreich sein kann, zum Beispiel wenn sie eine marginalisierte Gemeinschaft

ing states. In relatively affluent liberal democracies with systems of justice, welfare, and education, however, we see the dispersal of ethical authority and values expertise across society. Ethical socialisation is no longer outsourced to religious providers, with families, schools, peers and social media playing a larger role in informing the ethically-sovereign self. The public still believes that religious leaders still have a right to pronounce on moral issues – as anyone does – but they no longer think they have a right to be listened to.[45]

The ethical creep infects modern scholarship about religion also, as in Durkheim's influential definition of religion as ›a unified system of beliefs and practices relative to sacred things … which unite into *one single moral community* [my italics] called a Church all those who adhere to them …‹ Durkheim relegated everything else to the rubbish-bin of ›magic‹.[46] It is interesting to note that as religion declines, magic has been growing in influence.[47] The choice of the labels that are explicitly abjured by Christianity – magic, paganism, witchcraft, heathenism – is deliberate because practitioners are trying to distance themselves from the old religion and its moralism.[48] They are more interested in ritual, cultic and super-

bei der Identitätsverteidigung gegen eine Mehrheit unterstützt oder im Kontext von zerfallenden Staaten. In relativ wohlhabenden liberalen Demokratien mit Rechts-, Wohlfahrts- und Bildungssystemen ist jedoch zu beobachten, dass sich ethische Autorität und Wertekompetenz in der Gesellschaft ausbreiten. Die ethische Sozialisierung wird nicht mehr an religiöse Anbieter ausgelagert, sondern Familie, Schule, Gleichaltrige und soziale Medien spielen eine größere Rolle bei der Bildung des ethisch souveränen Selbst. Die Öffentlichkeit glaubt immer noch, dass religiöse Anführer das Recht haben, sich zu moralischen Fragen zu äußern – wie jeder andere auch, – aber sie glauben nicht mehr, dass sie ein Recht darauf haben, dass ihnen zugehört wird.[45]

Auch die moderne Religionswissenschaft ist von dieser schleichenden Moralisierung betroffen, wie in Durkheims einflussreicher Definition von Religion als »ein solidarisches System von Überzeugungen und Praktiken, die sich auf heilige [...] Dinge [...] beziehen, die *in einer und derselben moralischen Gemeinschaft* [Hervorhebung L. W.], die man Kirche nennt, alle vereinen, die ihr angehören.«[46] Alles andere verbannte Durkheim in den Mülleimer der »Magie«. Es ist interessant festzustellen, dass mit dem Rückgang der Religion die Magie an Einfluss gewonnen hat.[47] Die Wahl der Bezeichnungen, die das Christentum ausdrücklich ablehnt – Magie, Paganismus, Hexerei, Heidentum –, ist beabsichtigt, denn die Praktizie-

natural matters than in ethics and are, in effect, offering the supernaturalism and enchantment that the modern churches have tended to neglect in favour of more rationalised kinds of ethical religion.

Consequences for ethics

The idea that values have become a new religion often alarms people. That is usually because they have accepted the idea that religion tends towards fundamentalism and worry that a new ethical fundamentalism may be taking its place. The concern is sharpest on the right of the culture wars, where the worry is that liberal democracies, having abandoned religion as moral authority, are being captured by a secular moralism, by ›woke‹ values and ›political correctness.‹

The bigger picture, however, is not one of ethical hardening but of the dispersal, pluralisation and, in certain senses, the softening of ethics under the new rubric of ›values‹. ›Morality‹ suggests a given, objective set of norms to be transmitted, learned,

renden versuchen, sich von der alten Religion und ihrem Moralismus zu distanzieren.[48] Sie interessieren sich mehr für rituelle, kultische und übernatürliche Angelegenheiten als für Ethik und bieten in der Tat das Übernatürliche und die Verzauberung an, die die modernen Kirchen zugunsten einer rationaleren Art von ethischer Religion vernachlässigt haben.

Konsequenzen für die Ethik

Der Gedanke, dass Werte zu einer neuen Religion geworden sind, beunruhigt viele Menschen. Das liegt in der Regel daran, dass sie die Vorstellung übernommen haben, dass Religion zum Fundamentalismus neigt, und befürchten, dass ein neuer ethischer Fundamentalismus an ihre Stelle treten könnte. Am stärksten ist die Besorgnis auf der rechten Seite der Kulturkriege, wo man befürchtet, dass die liberalen Demokratien, nachdem sie die Religion als moralische Autorität aufgegeben haben, von einem säkularen Moralismus, von »woken« Werten und »politischer Korrektheit« vereinnahmt werden.

Im Großen und Ganzen geht es jedoch nicht um eine ethische Verhärtung, sondern um die Aufsplitterung, Pluralisierung und in gewissem Sinne um die Aufweichung der Ethik unter dem neuen Begriff »Werte«. »Moral« suggeriert einen gegebenen, objek-

and obeyed. Morals are fixed and binding, requiring individuals to slot into a pre-existing system and follow the rules. Moral instruction was typically a matter of formation or conversion. By contrast, education in values today is more likely to proceed by way of learning about different ethical approaches, debating various ethical issues, and making up your own mind. Whether liberal or libertarian, adults try to hold back from imposing their own values in the hope that children become responsible ethical agents.[49]

›Values‹ are part of this softer approach both because value is relative to the beholder, and because there are so many values to choose from. Individuals can work out their own unique values-package as they discover their unique identity – indeed, there are now forms of therapy that support exactly this approach.[50] This does not necessarily undercut social cohesion at a national scale, because although there is an enormous variety of value sets, there are many common values within them, like ›freedom of choice‹, ›respect‹, ›honesty‹, and ›integrity‹. Conversely, there a great deal of moral consensus around what is wrong, even if it is only vaguely articulated. The ›live your life‹ approach is widespread, though

tiven Satz von Normen, die weitergegeben, gelernt und befolgt werden müssen. Moral ist feststehend und verbindlich und verlangt vom Einzelnen, sich in ein bereits bestehendes System einzufügen und die Regeln zu befolgen. Moralische Erziehung war in der Regel eine Frage der Formung oder Bekehrung. Im Gegensatz dazu erfolgt die Werteerziehung heute eher über das Kennenlernen verschiedener ethischer Ansätze, die Diskussion verschiedener ethischer Fragen und die Bildung einer eigenen Meinung. Unabhängig davon, ob sie liberal oder libertär sind, versuchen Erwachsene, ihre eigenen Werte nicht aufzuzwingen, in der Hoffnung, dass Kinder zu verantwortungsbewussten ethischen Akteuren werden.[49]

»Werte« sind Teil dieses sanfteren Ansatzes, zum einen, weil Werte für den Betrachter relativ sind, und zum anderen, weil es so viele Werte gibt, aus denen man wählen kann. Der Einzelne kann sich sein eigenes, einzigartiges Wertepaket zusammenstellen, während er seine einzigartige Identität entdeckt – und es gibt inzwischen sogar Therapieformen, die genau diesen Ansatz unterstützen.[50] Dies untergräbt nicht zwangsläufig den sozialen Zusammenhalt auf nationaler Ebene, denn obwohl es eine enorme Vielfalt an Wertesystemen gibt, finden sich darin viele gemeinsame Werte wie »Entscheidungsfreiheit«, »Respekt«, »Ehrlichkeit« und »Integrität«. Umgekehrt gibt es einen großen moralischen Kon-

the way it is worked out and lived out varies enormously. This also leaves room for moral growth, for reassessing and revising one's set of value commitments in the light of experience.

This does not usually imply ethical relativism. The latter maintains that there is no moral truth, no objective values, no universal consensus; right or wrong are relative to a particular social context. The opposite is ethical realism, which maintains that there are objective moral laws and absolutes, God-given and/or natural, which we should obey. Ethical pluralism is more typical of the dominant ethical approach today. It is different from both relativism and realism in holding that there are many different values which, both in theory and in practice, often turn out to be incompatible with one another. They may have value independent of us, but they do not offer a set of unexceptionable rules or ›absolutes‹. They may be modified or suspended when they come into conflict with other values, and there is always a need for judgement, discrimination, and self-critical responsibility. As Alan Wolfe finds, ›over half of Americans agree that »God's laws should decide right and wrong« but they won't let those laws stand in conflict with modern beliefs, and ›professions of loyalty to transcendental moral principles

sens darüber, was falsch ist, auch wenn dieser nur vage formuliert ist. Der Ansatz »lebe dein Leben« ist weit verbreitet, auch wenn die Art und Weise, wie er ausgearbeitet und gelebt wird, sehr unterschiedlich ist. Dies lässt auch Raum für moralisches Wachstum, für die Neubewertung und Überarbeitung der eigenen Wertvorstellungen im Lichte der Erfahrung.

Dies ist in der Regel nicht gleichbedeutend mit ethischem Relativismus. Letzterer behauptet, dass es keine moralische Wahrheit, keine objektiven Werte, keinen universellen Konsens gibt; richtig oder falsch sind relativ zu einem bestimmten sozialen Kontext. Im Gegensatz dazu steht der ethische Realismus, der behauptet, dass es objektive moralische Gesetze und absolute Werte gibt, die von Gott gegeben und/oder natürlich sind und die wir befolgen sollten. Der ethische Pluralismus ist eher typisch für den heute vorherrschenden ethischen Ansatz. Er unterscheidet sich sowohl vom Relativismus als auch vom Realismus, indem er davon ausgeht, dass es viele verschiedene Werte gibt, die sich sowohl in der Theorie als auch in der Praxis oft als unvereinbar miteinander erweisen. Sie mögen unabhängig von uns einen Wert haben, aber sie bieten keine unumstößlichen Regeln oder »Absolutheiten«. Sie können modifiziert oder außer Kraft gesetzt werden, wenn sie mit anderen Werten in Konflikt geraten, und es besteht immer ein Bedarf an Urteilsvermögen, Unterscheidungsvermögen und selbstkritischer Verantwortung. Alan

combine with determined revision of them to account for contemporary circumstances.‹[51] A student in our study of Gen Z said,

»[My parents] see things very differently. There's the perspective of religion. They believe that God gives them what is right and wrong, whereas I just kind of have to find it for myself, whether it's within me in some kind of human nature or social interaction thing, or if it's just truly nothing and I have to create it from the depths of my own being or something.«[52]

Despite its individualism, a feature of this kind of contemporary values pluralism is that the ethical life is treated as a discursive, exploratory process, and that far-reaching ethical decisions and discriminations are often taken collectively. Part of the rationale for collective deliberation is that it will introduce greater values diversity into a decision, which will lend more legitimacy in a diverse society, and aid moral deliberation. Rather than having a single chaplain in a school or prison, for example, it will be better to have a team of chaplains, or a variety of

Wolfe stellt fest, dass »mehr als die Hälfte der Amerikaner der Meinung sind, dass ›Gottes Gesetze über Recht und Unrecht entscheiden sollten‹, dass sie aber nicht zulassen, dass diese Gesetze mit modernen Überzeugungen in Konflikt geraten«, und dass »Bekenntnisse zur Loyalität gegenüber transzendentalen moralischen Grundsätzen mit einer entschlossenen Überarbeitung dieser Grundsätze einhergehen, um den heutigen Umständen Rechnung zu tragen.«[51] Ein Student in unserer Studie über die Generation Z sagte,

»[Meine Eltern] sehen die Dinge sehr unterschiedlich. Da ist zum einen die Perspektive der Religion. Sie glauben, dass Gott ihnen vorgibt, was richtig und was falsch ist, wohingegen ich es selbst herausfinden muss, ob es nun in mir ist, in einer Art menschlicher Natur oder sozialer Interaktion, oder ob es wirklich nichts ist und ich es aus den Tiefen meines eigenen Wesens erschaffen muss oder so.«[52]

Trotz seines Individualismus ist ein Merkmal dieser Art von zeitgenössischem Wertepluralismus, dass das ethische Leben als ein diskursiver, forschender Prozess behandelt wird und dass weitreichende ethische Entscheidungen und Unterscheidungen oft kollektiv getroffen werden. Die kollektive Beratung wird unter anderem damit begründet, dass dadurch eine größere Wertevielfalt in eine Entscheidung einfließt, was in einer vielfältigen Gesellschaft mehr Legitimität verleiht, und die moralische Abwägung erleichtert. Anstelle eines einzigen Seelsorgers in ei-

ethics committees dealing with different aspects of the life of a large institution. This is also why, at a societal level, we are seeing the rise of public enquiries as the preferred way of dealing with major failings and wrongs in a society, including corruption, child abuse, and national disasters.

When things go wrong, there is a residual sense that we need something like religion to mend the social fabric, but that carefully chosen ethical panels leading an enquiry that produces a public report can offer what is needed in plural, democratic societies. There is no obvious qualification for this new role of wise and trustworthy values-holder. The unspoken criteria include moral integrity, no conflicts of interest, and some relevant expertise and life experience whether in social work, the law, religion, business, or something else (more often the public than the private sector). Older women seem to be likely candidates. Diversity on the panel is needed. This is an evolving approach which has emerged through multiple separate initiatives in different countries, and a good deal of trial and error. It is illustrative of the softer, more democratic, provisional, and accountable approach of the new ›religion‹ of values.

ner Schule oder einem Gefängnis ist es beispielsweise besser, ein Team von Seelsorgern oder eine Vielzahl von Ethikausschüssen zu haben, die sich mit verschiedenen Aspekten des Lebens einer großen Einrichtung befassen. Dies ist auch der Grund, warum wir auf gesellschaftlicher Ebene die Zunahme öffentlicher Untersuchungen als bevorzugtes Mittel für den Umgang mit großen Versäumnissen und Missständen in einer Gesellschaft beobachten, einschließlich Korruption, Kindesmissbrauch und nationaler Katastrophen.

Wenn etwas schiefläuft, bleibt das Gefühl, dass wir so etwas wie Religion brauchen, um das soziale Gefüge zu flicken, dass aber sorgfältig ausgewählte ethische Gremien, die eine Untersuchung leiten und einen öffentlichen Bericht erstellen, das bieten können, was in pluralistischen, demokratischen Gesellschaften gebraucht wird. Es gibt keine offensichtliche Qualifikation für diese neue Rolle als weiser und vertrauenswürdiger Werteträger. Zu den unausgesprochenen Kriterien gehören moralische Integrität, keine Interessenkonflikte und ein gewisses Maß an einschlägigem Fachwissen und Lebenserfahrung, sei es in der Sozialarbeit, im Rechtswesen, in der Religion, in der Wirtschaft oder in einem anderen Bereich (häufiger im öffentlichen als im privaten Sektor). Ältere Frauen scheinen wahrscheinliche Kandidaten zu sein. Vielfalt im Gremium ist notwendig. Es handelt sich um einen sich entwickelnden

It would be naïve to think that no danger of a values fundamentalism remains. It is not only that the churches that have fallen into this trap, there are secular modern versions too. A laughable example is the attempt to programme morality into AI, as if there are a clear set of agreed norms that can be applied to predictable scenarios in order to produce desired outcomes (a kind of rule utilitarianism). A more dangerous approach is the one that is common on both sides of the culture wars where people treat their moral preferences as universal moral absolutes to which every decent, Godly, or enlightened person must conform. Those who do not conform to a certain imperative prove by the same token that they are guilty of allegiance to a whole set of appalling ›values‹. This is the approach that, on the left, sees every Trump or Brexit voter as a racist, sexist, nationalist, and probably a fascist. On the right, it views anyone who is, for example, a feminist as (through the eyes of a paleo-conservative) a Godless liberal relativist who wants to destroy family, tradition, and religion or (through the eyes of the alt right) a narcissis-

Ansatz, der sich aus mehreren separaten Initiativen in verschiedenen Ländern und einer wiederholten Anwendung des Versuch-und-Irrtum-Prinzips entwickelt hat. Er ist ein Beispiel für den weicheren, demokratischeren, vorläufigen und rechenschaftspflichtigen Ansatz der neuen »Religion« der Werte.

Es wäre naiv zu glauben, dass die Gefahr eines Wertefundamentalismus nicht mehr besteht. Nicht nur die Kirchen sind in diese Falle getappt, es gibt auch säkulare moderne Versionen. Ein lächerliches Beispiel ist der Versuch, Moral in KI zu programmieren, als ob es einen klaren Satz vereinbarter Normen gäbe, die auf vorhersehbare Szenarien angewandt werden können, um die gewünschten Ergebnisse zu erzielen (eine Art Regel-Utilitarismus). Ein gefährlicherer Ansatz ist der, der auf beiden Seiten der Kulturkriege üblich ist, wo Menschen ihre moralischen Präferenzen als universelle moralische Absolutheit behandeln, der jeder anständige, gottesfürchtige oder aufgeklärte Mensch entsprechen muss. Wer sich einem bestimmten Gebot nicht unterwirft, beweist damit, dass er sich einer ganzen Reihe von entsetzlichen »Werten« schuldig gemacht hat. Dies ist der Ansatz, der auf der Linken jeden Trump- oder Brexit-Wähler als Rassisten, Sexisten, Nationalisten und wahrscheinlich auch als Faschisten betrachtet. Auf der rechten Seite wird jeder, der zum Beispiel Feminist ist, (in den Augen eines Paläokonservativen) als gottloser liberaler Relativist be-

tic, over-privileged, coddled, woke man-hater who wants to bring down western civilization.

Values fundamentalism is also seen in organizational and institutional settings when corporate values are treated as unquestionable norms that cannot be challenged. This can happen in any part of an organization, as well as on ethics committees themselves, when there is no mechanism for critical revision of the values that have been institutionally ratified. It is a particular problem for ethics understood in terms of ›compliance‹. The deployment of values in consequential decision-making by unaccountable personnel or teams – whether HR, compliance, EDI, complaints and appeals, data protection, or others – is dangerous. Much of what can go wrong in moralistic religious institutions is similar to what goes wrong in reputation-driven and risk-averse secular ones, and for similar reasons. The danger of laminated values, of ›values-washing‹, of hiding behind an appearance of good, is just as great with sanctified secular values as religious ones. Values are not harmless ›nice‹ things, but can be used to ›other‹, to shame and to diminish. They need to be handled with care and proper accountability and review.

trachtet, der Familie, Tradition und Religion zerstören will, oder (in den Augen der Alt-Right) als narzisstischer, überprivilegierter, verwöhnter, woker Männerhasser, der die westliche Zivilisation zu Fall bringen will.

Wertefundamentalismus ist auch im Rahmen von Organisationen und Institutionen zu beobachten, wenn Unternehmenswerte als unanfechtbare Normen behandelt werden, die nicht in Frage gestellt werden können. Dies kann in allen Bereichen einer Organisation sowie in den Ethikausschüssen selbst geschehen, wenn es keinen Mechanismus für eine kritische Überprüfung der Werte gibt, die institutionell ratifiziert wurden. Dies ist ein besonderes Problem für eine Ethik, die im Sinne der »Compliance« verstanden wird. Der Einsatz von Werten bei der Entscheidungsfindung durch nicht rechenschaftspflichtige Mitarbeiter oder Teams – sei es die Personalabteilung, die Compliance-Abteilung, die EDI-Abteilung, die Abteilung für Beschwerden und Einsprüche, der Datenschutz oder andere – ist gefährlich. Vieles von dem, was in moralistischen religiösen Institutionen schiefgehen kann, ähnelt dem, was in reputationsgesteuerten und risikoscheuen säkularen Institutionen schief geht, und zwar aus ähnlichen Gründen. Die Gefahr »laminierter Werte«, des »value washing«, sich hinter dem Anschein des Guten zu verstecken, ist bei geheiligten säkularen Werten genauso groß wie bei religiösen. Werte sind kei-

Conclusion

In 2006 the philosopher of religion Don Cupitt wrote a book called *The Old Creed and the New* in which he set out the tenets of the new religion he advocated. Prominent amongst them are the following:
- True religion is your own voice, if you can but find it.
- True religion is, in every sense, to own one's own life.
- True religion is productive value-realising action in the public world.[53]

This is a succinct statement of the religion of values that I have been describing in this lecture. It should be no surprise that scholars in religion and theology have been the first to herald its arrival.

The decline of the old kinds of Christian religion in liberal democracies has not involved the stripping way of belief to leave a secular bedrock, but a

ne harmlosen »netten« Dinge, sondern können dazu benutzt werden, jemanden als Andersartigen zu behandeln, zu beschämen und herabzusetzen. Sie müssen mit Sorgfalt und angemessener Rechenschaftspflicht und Überprüfung behandelt werden.

Fazit

Im Jahr 2006 schrieb der Religionsphilosoph Don Cupitt ein Buch mit dem Titel »The Old Creed and the New«, in dem er die Grundsätze der neuen Religion, die er vertritt, darlegt. Zu den wichtigsten gehören die folgenden:
— Wahre Religion ist deine eigene Stimme, wenn du sie nur finden kannst.
— Wahre Religion bedeutet, in jeder Hinsicht sein eigenes Leben zu besitzen.
— Wahre Religion ist produktives, werteverwirklichendes Handeln in der öffentlichen Sphäre.[53]

Dies ist eine prägnante Aussage über die Religion der Werte, die ich in diesem Vortrag beschrieben habe. Es sollte nicht überraschen, dass Religionswissenschaftler und Theologen die ersten waren, die ihre Ankunft verkündet haben.

Der Niedergang der alten Formen der christlichen Religion in den liberalen Demokratien hat nicht die Ablösung des Glaubens beinhaltet, um ein

transition from faith in one sort of ›sacred things‹ – as Durkheim called them – to another.[54] Although there are some continuities, I have shown that the new values are also significantly different from the old, in kind and in content. This is why the common suggestion Christianity lives on in secular Western culture through the enduring influence of its values is partly true, but ultimately false.

Any cultural change of this magnitude is overdetermined by a multiplicity of factors. I have concentrated on the most important: the moralisation of Christianity resulting in diminished moral credibility – a push factor – plus the growth of new value commitments – a pull factor. When religion becomes mainly about ethics and those ethics are found wanting, there is not much left. Values take the place of the old religion and offer individuals, institutions, and societies much that the old religion once supplied: a compass; a mode of signalling and communication; a basis of identity and differentiation; a focus of aspiration, of discipline and cohesion – and sometimes a cover for self-interest. But what values alone cannot offer is the spiritual and the supernatural, so the new religion of values leaves that territory open for a plethora of ancient and new kinds of spiritual and magical practice to develop and re-emerge, minus the moralism of the old religion.

säkulares Fundament zu hinterlassen, sondern einen Übergang vom Glauben an eine Art »heiliger Dinge« – wie Durkheim sie nannte – zu einer anderen.[54] Obwohl es einige Kontinuitäten gibt, habe ich gezeigt, dass sich die neuen Werte auch erheblich von den alten unterscheiden, sowohl in ihrer Art als auch in ihrem Inhalt. Deshalb ist die gängige Behauptung, das Christentum lebe in der säkularen westlichen Kultur durch den anhaltenden Einfluss seiner Werte weiter, zwar teilweise richtig, aber letztlich falsch.

Jeder kulturelle Wandel dieses Ausmaßes wird durch eine Vielzahl von Faktoren überbestimmt. Ich habe mich auf die wichtigsten konzentriert: die Moralisierung des Christentums, die zu einer verminderten moralischen Glaubwürdigkeit führt – ein Push-Faktor – und das Wachstum neuer Wertverpflichtungen – ein Pull-Faktor. Wenn es in einer Religion hauptsächlich um Ethik geht und diese Ethik als unzureichend empfunden wird, bleibt nicht mehr viel übrig. Werte treten an die Stelle der alten Religion und bieten dem Einzelnen, den Institutionen und der Gesellschaft vieles, was die alte Religion einst lieferte: einen Kompass, eine Signal- und Kommunikationsform, eine Grundlage für Identität und Differenzierung, einen Brennpunkt des Strebens, der Disziplin und des Zusammenhalts – und manchmal einen Deckmantel für Eigeninteressen. Was Werte allein jedoch nicht bieten können, ist das Spirituelle und Übernatürliche, und so lässt die neue Religion

der Werte dieses Gebiet offen für eine Fülle alter und neuer Arten spiritueller und magischer Praktiken, die sich entwickeln und wieder auftauchen können, ohne den Moralismus der alten Religion.

Notes

1 ›A Speech by the Queen on her 21st birthday, 1947.‹ Royal UK website, https://www.royal.uk/21st-birthday-speech-21-april-1947.

2 The Tablet, ›Queen says Christ's »love and example« inspires her »through good times and bad« in Christmas speech,‹ December 26, 2017. https://www.thetablet.co.uk/news/8303/queen-says-christ-s-love-and-example-inspires-her-through-good-times-and-bad-in-christmas-speech.

3 Linda Woodhead, Diana and the Religion of the Heart. In Jeffrey Richards, Scott Wilson and Linda Woodhead (eds.), Diana: The Making of a Media Icon, London 1999, 119–139.

4 Vanity Fair, ›Meghan Markle shares the advice a »very, very influential« woman gave her before her wedding,‹ November 15, 2022. https://www.vanityfair.com/style/2022/11/meghan-markle-advice-royal-wedding-prince-harry-archetypes-podcast-activism. Compare the advice to ›be brave enough to take up space‹, a quotation from ›The Empowerment Guide‹ produced by ›Empowered by Vee,‹ a voluntary organisation led by the Black British educational activist Vee Kativhu. No date or place of publication, 4. Distributed to the audience in summer 2022 in a conference at King's College London.

5 Roberta Katz, Sarah Ogilvie, Jane Shaw, Linda Woodhead, Gen Z, Explained: The Art of Living in a Digital Age, Chicago 2021, 39–68.

6 Katz et al., Gen Z, 117.

7 France 24, ›European Commission Vice-President Maroš Šefčovič … welcomed Ukraine's bid for EU membership, saying that Ukrainians are »dying for European values […] we want them in«.‹ Maroš Šefčovič Speaks to France 24, The Interview, March 4 2022. https://www.france24.com/en/tv-shows/the-interview/20220304-ukrainians-are-dying-for-european-values-we-want-them-in-eu-s-sefcovic.

8 Moscow Times, ›Russian Church Leader Appears to Blame Gay Pride Parades for Ukraine War‹, March 7 2022. https://www.themoscowtimes.com/2022/03/07/russian-church-leader-appears-to-blame-gay-pride-parades-for-ukraine-war-a76803.

Anmerkungen

1 ›A Speech by the Queen on her 21st birthday, 1947.‹ Webseite des britischen Königshauses, https://www.royal.uk/21st-birthday-speech-21-april-1947.

2 Siehe R. Gamble, Queen says Christ's »love and example« inspires her »through good times and bad« in Christmas speech, in *The Tablet* vom 26. Dezember 2007: https://www.thetablet.co.uk/news/8303/queen-says-christ-s-love-and-example-inspires-her-through-good-times-and-bad-in-christmas-speech.

3 Vgl. Linda Woodhead, Diana and the Religion of the Heart, in: Jeffrey Richards, Scott Wilson und Linda Woodhead (Hgg.), Diana: The Making of a Media Icon, London 1999, 119–139.

4 Vanity Fair, Meghan Markle shares the advice a »very, very influential« woman gave her before her wedding, 15. November 2022. https://www.vanityfair.com/style/2022/11/meghan-markle-advice-royal-wedding-prince-harry-archetypes-podcast-activism. Vergleiche den Ratschlag, »mutig genug zu sein, sich Raum zu nehmen«, ein Zitat aus »The Empowerment Guide«, erstellt von »Empowered by Vee«, einer Freiwilligenorganisation unter der Leitung der schwarzen britischen Bildungsaktivistin Vee Kativhu. Kein Datum oder Ort der Veröffentlichung, 4. Verteilt an das Publikum einer Konferenz am King's College London im Sommer 2022.

5 Siehe Roberta Katz, Sarah Ogilvie, Jane Shaw, Linda Woodhead, Gen Z, Explained: The Art of Living in a Digital Age, Chicago 2021, 39–68.

6 Katz u. a., Gen Z, 117.

7 France 24: »European Commission Vice-President Maroš Šefčovič … welcomed Ukraine's bid for EU membership, saying that Ukrainians are «dying for European values […] we want them in.« Maroš Šefčovič Speaks to France 24, The Interview, 4. März 2022: https://www.france24.com/en/tv-shows/the-interview/20220304-ukrainians-are-dying-for-european-values-we-want-them-in-eu-s-sefcovic.

9 Alan Wolfe, One Nation After All, New York 1998, 275, 265. Wolfe observes that there are ›not may true culture warriors, but traditional modernists, and modern traditionalists,‹ ibid. 279.

10 Don Cupitt, The Old Creed and the New, London 2006, 113.

11 Charles Taylor, The Ethics of Authenticity, Cambridge 1991, 27.

12 Unpublished finding from a survey administered as part of the Kendal Project in the churches of Kendal in 2001. Methodology and other findings in Linda Woodhead and Paul Heelas, The magic Revolution. Why Religion is Giving Way to Spirituality, Oxford/Malden 2005.

13 Daniel Yankelovich, New Rules: Searching for Fulfilment in a world Turned Upside Down, New York 1981, 230.

14 As Alan Wolfe found in his study of middle-class morality in the USA, it was ordinary rather than extraordinary deeds that were valued. ›I think we have to look after each other. I think we have to care about each other. I think we have to contribute in some way,‹ was a typical comment. Wolfe, One Nation, 266.

15 Hugh Rock argues that in ethical terms deep individualism implies deep reciprocity. See Hugh Rock, *God Needs Salvation*. London: Christian Alternative, 2014.

16 We found in our research with Gen Z that when safety and wellbeing issues are not at stake, other less serious clashes can be harder to resolve. An interviewee in our study of Gen Z explained her dilemma concerning a dear friend who is always late. She cannot reconcile her desire to affirm his identity and preference for ›chill‹ with respect for her commitment to punctuality. Katz et al, *Gen Z*, 186

17 Gwen Adshead and Eileen Horne, The Devil You Know. Encounters in Forensic Psychology, London 2021.

18 As the psychotherapist Adam Philips notices, conversion has become something fearful, a ›trauma‹ being a malign, unchosen conversion experience. Adam Phillips, On Wanting to Change, London 2021, 42.

19 In historical philosophy, Judith Shklar notices and contributes to this shift through the attention she pays to vices such as cruelty. Judith Shklar, Ordinary Vices, Cambridge 1984.

8 Moscow Times, Russian Church Leader Appears to Blame Gay Pride Parades for Ukraine War, 7. März 2022. https://www.themoscowtimes.com/2022/03/07/russian-church-leader-appears-to-blame-gay-pride-parades-for-ukraine-war-a76803,

9 Alan Wolfe, One Nation After All. New York 1998, 275, 265. Wolfe stellt fest, es gebe »nicht viele echte Kulturkämpfer, sondern traditionelle Modernisten und moderne Traditionalisten« (ebd. 279). [Übers. D. S.].

10 Don Cupitt, The Old Creed and the New, London 2006, 113. [Übers. D. S.].

11 Charles Taylor, The Ethics of Authenticity, Cambridge 1991, 27.

12 Unveröffentlichte Ergebnisse einer Umfrage, die im Rahmen des Kendal-Projekts in den Kirchen von Kendal im Jahr 2001 durchgeführt wurde. Methodik und weitere Ergebnisse in Linda Woodhead und Paul Heelas, The Spiritual Revolution. Why Religion is Giving Way to Spirituality, Oxford/Malden 2005.

13 Daniel Yankelovich, New Rules: Searching for Fulfilment in a World Turned Upside Down, New York 1981, 230.

14 Wie Alan Wolfe in seiner Studie über die Moral der Mittelschicht in den USA feststellte, werden eher die gewöhnlichen als die außergewöhnlichen Taten geschätzt. »Ich glaube, wir müssen aufeinander aufpassen. Ich denke, wir müssen uns umeinander kümmern. Ich denke, wir müssen in irgendeiner Weise dazu beitragen«, waren typische Kommentare. Wolfe, One Nation, 266.

15 Hugh Rock argumentiert, dass ein ausgeprägter Individualismus in ethischer Hinsicht eine ausgeprägte Gegenseitigkeit voraussetzt. Siehe Hugh Rock, God Needs Salvation, London 2014. [Übers. D. S.].

16 In unserer Studie mit der Generation Z haben wir festgestellt, dass andere, weniger schwerwiegende Konflikte schwieriger zu lösen sind, wenn es nicht um Sicherheit und Wohlbefinden geht. Eine Interviewpartnerin in unserer Studie über die Generation Z erklärte ihr Dilemma in Bezug auf einen lieben Freund, der immer zu spät kommt. Sie kann ihren Wunsch, seine Identität und seine Vorliebe für »chill« (»Gelassenheit«) zu bestätigen, nicht mit dem Respekt vor ihrer Verpflichtung zur Pünktlichkeit vereinbaren. Katz u. a., Gen Z, 186.

20 Abby Day, Believing in Belonging: Belief in Social Identity in the Modern World, Oxford 2011.

21 Larry Siedentop, Inventing the Individual: The Origins of Western Liberalism, Cambridge 2014.

22 See Elisha Coffman, The ›Christian Century‹ and the Rise of the Protestant Mainline, New York 2013.

23 Malachi 2:10.

24 Gary Dorrien, Soul in Society: The Making and Renewal of Social Christianity, Minneapolis 1995.

25 Parliament of the World's Religions, Towards a Global Ethic, 1993, p. 1. https://parliamentofreligions.org/wp-content/uploads/2022/03/global_ethic_pdf_-_2020_update.pdf

26 Don Cupitt writes, ›in fifty years I have never heard a preacher attempt to say clearly what God is supposed to be … Instead, every sermon I hear works out the ideas of God, of the resurrection and so on purely ethically.‹ The Old Creed and the New, London 2006, 23.

27 Nancy T. Ammerman, Golden Rule Christianity. Lived Religion in the American Mainstream, in: Donald G. Hall (ed.), Lived Religion in America: Toward a Theory of Practice, Princeton, NJ 1997, 196–216.

28 Richard Neuhaus, The Naked Public Square: Religion and Democracy in America. Grand Rapids 1984, 242.

29 In theology, Karl Barth and Reinhold Niebuhr ridiculed liberal optimism about human nature in the context of the world wars, tyrannies, and atrocities of the twentieth century. Their attack was followed up by a generation of ›post-liberal‹ theologians like Stanley Hauerwas and John Milbank and, on the Catholic side, Richard Neuhaus and Michael Novak.

30 Linda Woodhead and Andrew Brown, That Was the Church That Was, London 2016.

31 Surveys I have carried out in Britain repeatedly show that large majorities of both Anglicans and Catholics disagree with their church's official teachings on homosexuality, euthanasia and premarital sex (and contraception for Catholics). For example, if we measure ›faithful Catholics‹ by the criteria of weekly churchgoing, certain belief in God, taking authority from religious sources, and opposition to abortion, same-sex marriage and euthanasia, only 5 %

17 Gwen Adshead und Eileen Horne, The Devil You Know. Encounters in Forensic Psychology, London 2021.

18 Wie der Psychotherapeut Adam Philips bemerkt, ist Anpassung zu etwas Furchterregendem geworden, wobei ein »Trauma« eine bösartige, nicht gewählte Anpassungerfahrung ist. Adam Phillips, On Wanting to Change, London 2021, 42.

19 Judith Shklar bemerkt diesen Wandel in der Geschichtsphilosophie und leistet einen Beitrag geleistet, indem sie Untugenden wie der Grausamkeit besondere Aufmerksamkeit schenkte. Judith Shklar, Ordinary Vices, Cambridge 1984.

20 Abby Day, Believing in Belonging: Belief in Social Identity in the Modern World. Oxford 2011.

21 Larry Siedentop, Inventing the Individual: The Origins of Western Liberalism, Cambridge 2014.

22 Siehe Elisha Coffman, The ›Christian Century‹ and the Rise of the Protestant Mainline, New York 2013.

23 Maleachi 2,10.

24 Gary Dorrien, Soul in Society: The Making and Renewal of Social Christianity, Minneapolis 1995.

25 Parliament of the World's Religions, Towards a Global Ethic, 1993, 1. https://parliamentofreligions.org/wp-content/uploads/2022/03/global_ethic_pdf_-_2020_update.pdf.

26 Don Cupitt schreibt: »in fifty years I have never heard a preacher attempt to say clearly what God is supposed to be … Instead, every sermon I hear works out the ideas of God, of the resurrection and so on purely ethically.« (»In fünfzig Jahren habe ich noch nie einen Prediger gehört, der versucht hat, klar zu sagen, was Gott sein soll … Stattdessen arbeitet jede Predigt, die ich höre, die Ideen von Gott, von der Auferstehung und so weiter rein ethisch aus.«). The Old Creed and the New, London 2006, 23.

27 Nancy T. Ammerman, Golden Rule Christianity. Lived Religion in the American Mainstream, in: Donald G. Hall (Hg.), Lived Religion in America: Toward a Theory of Practice, Princeton, NJ 1997, 196–216.

28 Richard Neuhaus, The Naked Public Square: Religion and Democracy in America, Grand Rapids 1984, 242.

of British Catholics are ›orthodox‹. See Linda Woodhead, New Poll: Faithful Catholics and Endangered Species, Religion Dispatches, December 12 2013. https://religiondispatches.org/new-poll-faithful-catholics-an-endangered-species/.

32 Katz et al., *Gen Z*, 147.

33 As one of the respondents in Alan Wolfe's ›Middle Class Morality‹ project in the USA said, ›my general belief is that people are inherently good and they can make the right decisions based on what's right and what's wrong, not necessarily because that's what their religion taught them. If you don't have religion, there's still right and wrong.‹ Wolfe, One Nation, 87.

34 On the USA see James Davison Hunter and Ryan O. Olson, The Moral Ecology of Formation, Charlottesville 2018. They comment on ›the informal cred of therapeutic self-actualization.‹ Ibid. 253.

35 ›Choice and Diversity. A New Framework for Schools.‹ White Paper, July 1992, section 8.3. http://www.educationengland.org.uk/documents/wp1992/choice-and-diversity.html.

36 A third of all schools are still faith-based (mostly but not exclusively Christian) and some have selective admission policies with faith-based criteria. See Charles Clarke and Linda Woodhead, A New Settlement: Religion and Belief in Schools, 2015. http://www.thetogetherschool.org/wp-content/uploads/2015/08/A-New-Settlement-for-Religion-and-Belief-in-schools.pdf.

37 All maintained schools are required under the Education (School Information) (England) Regulations 1993 to publish ›a statement on the ethos and values of the school‹, Regulation 8.7, 10. https://www.legislation.gov.uk/uksi/1993/1502/made/data.pdf.

38 Karin Tusting and Linda Woodhead, The Kendal Project Revisited, London 2018, in: Steve Pile (ed.), Spaces of Spirituality, London 2018, 120–134.

39 Ongoing unpublished research, Charlotte Hobson, Lancaster University, due for completion in 2023.

40 As mentioned above, this agenda was supplemented by a growing concern about ›multiculturalism‹ as a policy direction, with some on the political right blaming it for the creation of segregated communities adhering to dangerously different values rather

29 In der Theologie haben Karl Barth und Reinhold Niebuhr den liberalen Optimismus über die menschliche Natur im Kontext der Weltkriege, Tyranneien und Gräueltaten des 20. Jahrhunderts verhöhnt. Ihr Angriff wurde von einer Generation »post-liberaler« Theologen wie Stanley Hauerwas und John Milbank und auf katholischer Seite von Richard Neuhaus und Michael Novak aufgegriffen.

30 Linda Woodhead und Andrew Brown, That Was the Church That Was, London 2016.

31 Umfragen, die ich in Großbritannien durchgeführt habe, zeigen immer wieder, dass große Mehrheiten sowohl der Anglikaner als auch der Katholiken mit den offiziellen Lehren ihrer Kirche zu Homosexualität, Euthanasie und vorehelichem Geschlechtsverkehr (und Empfängnisverhütung für Katholiken) nicht einverstanden sind. Wenn wir zum Beispiel »gläubige Katholiken« anhand der Kriterien wöchentlicher Kirchgang, ein gewisser Glaube an Gott, Annahme von Autorität aus religiösen Quellen und Ablehnung von Abtreibung, gleichgeschlechtlicher Ehe und Euthanasie messen, sind nur 5 % der britischen Katholiken »orthodox«. Siehe Linda Woodhead, New Poll: Faithful Catholics and Endangered Species, Religion Dispatches, December 12 2013. https://religiondispatches.org/new-poll-faithful-catholics-an-endangered-species/.

32 Katz u. a., Gen Z, 147. [Übers. D. S.].

33 Einer der Teilnehmer an Alan Wolfes »Middle Class Morality«-Projekt in den USA sagte: »Ich glaube generell, dass die Menschen von Natur aus gut sind und dass sie die richtigen Entscheidungen auf der Grundlage dessen treffen können, was richtig und was falsch ist, nicht unbedingt, weil ihre Religion sie das gelehrt hat. Wenn man keine Religion hat, gibt es immer noch richtig und falsch.« Wolfe, One Nation, 87. [Übers. D. S.].

34 Zu den USA siehe James Davison Hunter und Ryan O. Olson, The Moral Ecology of Formation, Charlottesville 2018. Sie kommentieren »die informelle Glaubwürdigkeit der therapeutischen Selbstverwirklichung«, ebd. 253 [Übers. D. S.].

35 Choice and Diversity. A New Framework for Schools. Weißbuch, Juli 1992, Kapitel 8.3. http://www.educationengland.org.uk/documents/wp1992/choice-and-diversity.html [Übers. D. S.].

than achieving successful ›integration‹. See Euractive, ›After Merkel, Cameron Too Says Multiculturalism has Failed,‹ December 22 2011. https://www.euractiv.com/section/uk-europe/news/after-merkel-cameron-too-says-multiculturalism-has-failed/.

41 Najat Vallaud-Belkacem, ›Mobilisés pour les valeurs de la République à l'école: l'ensignment moral et civique publié au bulleyin official.‹ Personal website, June 25 2015. https://www.najat-vallaud-belkacem.com/2015/06/25/mobilises-pour-les-valeurs-de-la-republique-a-lecole-lenseignement-moral-et-civique-publie-au-bulletin-officiel/Eduation.gouv.fr 2015:6. The Charlie Hebdo attacks formed part of the context of this announcement.

42 European Commission/EACEA/Eurydice. ›Promoting citizenship and the common values of freedom, tolerance and non-discrimination through education: overview of education policy developments in Europe following the Paris Declaration of 17 March 2015.‹ Luxembourg: Publications Office of the European Union, 2016. https://op.europa.eu/en/publication-detail/-/publication/ebbab0bb-ef2f-11e5-8529-01aa75ed71a1.

43 For example, John Holmwood and Therese O'Toole, Countering Extremism in British Schools? The Truth About the Birmingham Trojan Horse Affair, Bristol 2017.

44 In 1990 less than a quarter in the USA expressed a great deal of confidence in religious institutions. Tom W. Smith, The Impact of the Televangelist Scandals of 1987–88 on American Religious Beliefs and Behaviours, GSS Social Change Report No. 34, 1991, 10. 7. https://gss.norc.org/Documents/reports/social-change-reports/SC34%20The%20Impact%20of%20the%20Televangelist%20Scandals%20of%201987-88%20on%20American%20Religious%20Beliefs%20and%20Behaviors.pdf.

45 This was the finding of a survey I carried out with YouGov in 2013. See Linda Woodhead, What British People Really Believe, special issue of Modern Believing 55(1) 2014, 51.

46 Émile Durkheim, The Elementary Forms of Religious Life. Oxford 2001, 62.

47 Paul Heelas and Linda Woodhead, Spiritual Revolution: Why Religion Is Giving Way To Spirituality, Oxford 2005, and

36 Ein Drittel aller Schulen ist nach wie vor konfessionell gebunden (meist, aber nicht ausschließlich christlich), und einige haben eine selektive Zulassungspolitik mit konfessionellen Kriterien. Siehe Charles Clarke und Linda Woodhead, A New Settlement: Religion and Belief in Schools, 2015. http://www.thetogetherschool.org/wp-content/uploads/2015/08/A-New-Settlement-for-Religion-and-Belief-in-schools.pdf.

37 Alle Schulen in freier Trägerschaft sind gemäß den Education (School Information) (England) Regulations 1993 verpflichtet, eine »Erklärung über das Ethos und die Werte der Schule« zu veröffentlichen. Siehe Regulation 8.7, 10. https://www.legislation.gov.uk/uksi/1993/1502/made/data.pdf [Übers. D. S.].

38 Karin Tusting und Linda Woodhead, The Kendal Project Revisited, in: Steve Pile (Hg.), Spaces of Spirituality. London 2018, 120–134.

39 Laufende unveröffentlichte Forschungsarbeiten, Charlotte Hobson, Universität Lancaster, die 2023 abgeschlossen werden sollen.

40 Wie bereits erwähnt, wurde diese Agenda durch eine wachsende Besorgnis über den »Multikulturalismus« als politische Richtung ergänzt, wobei einige auf der politischen Rechten ihn für die Schaffung segregierter Gemeinschaften verantwortlich machten, die sich an gefährlich unterschiedliche Werte hielten, anstatt eine erfolgreiche »Integration« zu erreichen. Euractive, »Nach Merkel sagt auch Cameron, dass der Multikulturalismus gescheitert sei«, 22. Dezember 2011. https://www.euractiv.de/section/sprachen-und-kultur/news/nach-merkel-sagt-auch-cameron-dass-der-multikulturalismus-gescheitert-sei/?_ga=2.21703739.1825172493.1678896254-1493 2612.1678896254.

41 Najat Vallaud-Belkacem, »Mobilisés pour les valeurs de la République à l'école: l'enseignement moral et civique publié au bulletin official.« Persönliche Webseite, 25. Juni 2015. https://www.najat-vallaud-belkacem.com/2015/06/25/mobilises-pour-les-valeurs-de-l a-republique-a-lecole-lenseignement-moral-et-civique-publie-au-bu lletin-officiel/Education.gouv.fr 2015:6 Die Anschläge auf die Zeitschrift Charlie Hebdo waren Teil des Kontextes dieser Ankündigung.

42 Europäische Kommission/EACEA/Eurydice. »Promoting citizenship and the common values of freedom, tolerance and non-dis-

Helen Berger, Solitary Pagans: Contemporary Witches, Wiccans, and Others Who Practice Alone, Columbia 2019.

48 Linda Woodhead, How Spirituality Grew Up and Out of Christianity, in: Dick Houtman and Galen Watts (eds.), Spirituality and Society, Oxford forthcoming.

49 Christel Manning, Losing Our Religion: How Unaffiliated Parents are Raising their Children. New York 2015.

50 Most notably the use of ›Acceptance and Commitment Theory‹. ›ACT‹ is a form of psychotherapy and a branch of clinical behaviour analysis. It does not seek to eliminate bad emotions, but to be present with them while moving towards ›valued behaviour‹. Esteem rises through alignment with values.

51 Wolfe, One Nation, 198, 300.

52 Katz et al., Gen Z, 148.

53 Cupitt, The Old Creed, 3.

54 See also Hugh Rock, A New Vision of God for the Twenty First Century, Winchester 2014, and Kees de Groot, The Liquidation of the Church, London/New York 2018. In a study of ›the religious crisis of the 1960s‹ the historian Hugh McLeod notices how older working-class people would explain why they had done things by saying ›it was the thing to do‹, whereas the catch phrase of the 1960s was ›do your own thing‹ (108–109). He traces a shift from values of order, decency, respectability, authority, convention, and ›normality‹ to values of freedom, extended democracy, personal empowerment, self-expression, equality and participation. Hugh McLeod, The Religious Crisis of the 1960s, Oxford 2007.

crimination through education: overview of education policy developments in Europe following the Paris Declaration of 17 March 2015«, Luxembourg: Publications Office of the European Union, 2016. https://op.europa.eu/en/publication-detail/-/publication/ebbab0bb-ef2f-11e5-8529-01aa75ed71a1.

43 Z. B. John Holmwood und Therese O'Toole, Countering Extremism in British Schools? The Truth About the Birmingham Trojan Horse Affair, Bristol 2017.

44 Im Jahr 1990 drückte weniger als ein Viertel in den USA ein großes Vertrauen in organisierte Religion aus. Tom W. Smith, The Impact of the Televangelist Scandals of 1987–88 on American Religious Beliefs and Behaviours, in: GSS Social Change Report No. 34, 1991, 10. https://gss.norc.org/Documents/reports/social-change-reports/SC34%20The%20Impact%20of%20the%20Televangelist%20Scandals%20of%201987–88%20on%20American%20Religious%20Beliefs%20and%20Behaviors.pdf.

45 Dies war das Ergebnis einer Umfrage, die ich 2013 mit You-Gov durchgeführt habe. Siehe Linda Woodhead, What British People Really Believe, special issue of Modern Believing 55(1) 2014, 51.

46 Émile Durkheim, Die elementaren Formen des religiösen Lebens, Frankfurt am Main 1981, 75.

47 Paul Heelas and Linda Woodhead, Spiritual Revolution: Why Religion Is Giving Way To Spirituality, Oxford 2005. Und Helen Berger, Solitary Pagans: Contemporary Witches, Wiccans, and Others Who Practice Alone, Columbia 2019.

48 Linda Woodhead, How Spirituality Grew Up and Out of Christianity, in: Dick Houtman and Galen Watts (Hgg.), Spirituality and Society. Oxford (im Erscheinen).

49 Christel Manning, Losing Our Religion: How Unaffiliated Parents are Raising their Children, New York 2015.

50 Vor allem die Anwendung der »Acceptance and Commitment Theory«. »ACT« ist eine Form der Psychotherapie und ein Zweig der klinischen Verhaltensanalyse. Sie zielt nicht darauf ab, schlechte Emotionen zu beseitigen, sondern mit ihnen präsent zu sein und sich auf ein »wertschätzendes Verhalten« hinzubewegen. Das Selbstwertgefühl steigt durch die Ausrichtung an Werten.

51 Wolfe, One Nation, 198, 300. [Übers. D. S.].

52 Katz u. a., Gen Z, 148. [Übers. D. S.].
53 Cupitt, The Old Creed, 3.
54 Siehe auch Hugh Rock, A New Vision of God for the Twenty First Century, Winchester 2014. Und Kees de Groot, The Liquidation of the Church, London/New York 2018. In einer Studie über »The Religious Crisis of the 1960s« stellt der Historiker Hugh McLeod fest, dass ältere Menschen aus der Arbeiterklasse ihre Handlungen damit begründeten, dass »man es so macht«, während das Schlagwort der 1960er Jahre »mach dein eigenes Ding« lautete (108–109). Er zeichnet den Wandel von Werten wie Ordnung, Anstand, Respektabilität, Autorität, Konvention und »Normalität« hin zu Werten wie Freiheit, erweiterte Demokratie, persönliche Ermächtigung, Selbstdarstellung, Gleichheit und Teilhabe nach. Hugh McLeod, The Religious Crisis of the 1960s, Oxford 2007.

Address
at the Award Ceremony of the
2020 Dr Leopold Lucas Prize

by

Birgit Weyel

Ansprache
bei der Verleihung des
Dr. Leopold Lucas-Preises 2020

von

Birgit Weyel

It is a great honour, but above all a pleasure for me to welcome you today to this ceremony on behalf of the Eberhard Karls University and its Faculty of Protestant Theology. Today is a special celebration hour, not only because *hour* is an understatement in terms of time, and not only because today we can meet and hear the laureates from the years 2020, 2021, and 2022 gathered at the same time in this place. What is and remains truly special is that the Dr Leopold Lucas Prize was generously endowed in many ways by his son in memory of the rabbi and scholar Dr Leopold Lucas, who was murdered by Germans in Theresienstadt, and that a Protestant theological faculty at a German university has been allowed to award it for many years.

* * *

Along with the great joy, however, there are also feelings of sadness today. Unfortunately, we cannot welcome the Honorary Senator, Dr Frank Lucas, in our midst today. It is impossible to imagine this ceremony without him. Involuntarily, our eyes wander

Es ist mir eine große Ehre, vor allem aber eine Freude, Sie im Namen der Eberhard Karls Universität und ihrer Evangelisch-Theologischen Fakultät heute zu dieser Feierstunde begrüßen zu dürfen. Es ist heute eine *besondere* Feierstunde, nicht nur, weil die Feier*stunde* in zeitlicher Perspektive eine Untertreibung darstellt, und nicht nur, weil wir heute die Preisträgerinnen und Preisträger aus den Jahren 2020, 2021 und 2022 zur selben Zeit an diesem Ort versammelt wissen und hören dürfen. Das wirklich Besondere ist und bleibt, dass der Dr. Leopold Lucas Preis im Gedenken an den Rabbiner und Gelehrten Dr. Leopold Lucas, der in Theresienstadt von Deutschen ermordet wurde, von seinem Sohn in vielerlei Hinsicht großzügig gestiftet wurde und dass eine evangelisch-theologische Fakultät an einer deutschen Universität ihn seit vielen Jahren vergeben darf.

* * *

In die große Freude mischt sich am heutigen Tage aber auch eine Traurigkeit. Die Traurigkeit darüber, dass wir den Ehrensenator, Herrn Dr. Frank Lucas, heute in unserer Mitte leider nicht begrüßen können. Er ist aus dieser Feierstunde nicht wegzuden-

to the front row, where he has a permanent place. For health reasons, he had to cancel the long journey for this year at short notice. We send him our best wishes for recovery. In our thoughts and hearts, he also takes the place in the front row at this celebration today and is absently present.

Part of the understanding and liturgy of this ceremony is the remembrance of Dr Leopold Lucas, the namesake of the Dr Leopold Lucas Prize. 50 years ago, on the occasion of the 100th birthday of Leopold Lucas, his son, Dr Franz D. Lucas, Consul General and later Honorary Senator of our University, endowed this prize. The prize has been endowed in 1972 – in honourable memory of his father, the scholar, historian, and rabbi Dr Leopold Lucas, who was born in Marburg an der Lahn on September 18, 1872, and perished in the Theresienstadt concentration camp on September 13, 1943. The Dr Leopold Lucas Prize is special because it combines the memory of the Jewish scholar Lucas with the reminder that we as human beings bear responsibility in dealing with our history and in view to the present and the future. Academic Scholarship, and as an institutional symbol of scholarship the university, not only has a central task in this regard but is also trusted to be able to bear responsibility. This is underlined by the purpose of the foundation, as the Dr Leopold

ken. Unwillkürlich wandern unsere Blicke in die erste Reihe, in der er einen festen Platz hat. Aus gesundheitlichen Gründen hat er die weite Reise für dieses Jahr kurzfristig absagen müssen. Wir senden ihm unsere besten Genesungswünsche. In unseren Gedanken und Herzen nimmt er auch heute bei dieser Feier den Platz in der ersten Reihe ein und ist abwesend anwesend sehr präsent.

Zum Verstehen und zur Liturgie dieser Feierstunde gehört die Erinnerung an Dr. Leopold Lucas, den Namensgeber des Dr. Leopold Lucas-Preises. Vor 50 Jahren anlässlich des 100 Geburtstages von Leopold Lucas hat dessen Sohn, Dr. Franz D. Lucas, Generalkonsul und späterer Ehrensenator unserer Universität diesen Preis gestiftet. 1972 wurde der Preis gestiftet – zum ehrenden Gedenken an seinen Vater, den Gelehrten, Historiker und Rabbiner Dr. Leopold Lucas, der am 18. September 1872 in Marburg an der Lahn geboren wurde und am 13. September 1943 im KZ Theresienstadt ums Leben kam. Der Dr. Leopold-Lucas-Preis ist ein *besonderer* Preis, weil er das Gedenken an den jüdischen Gelehrten Lucas verbindet mit der Erinnerung daran, dass wir als Menschen Verantwortung tragen in der Auseinandersetzung mit unserer Geschichte und mit Blick auf die Gegenwart und die Zukunft. Der Wissenschaft und als institutionellem Sinnbild von Wissenschaft der Universität wächst bei dieser Bestimmung nicht nur eine zentrale Aufgabe zu, sondern es wird

Lucas Prize is awarded for special scholarly achievements in the fields of Protestant and Catholic theologies, historical humanities, and philosophy, which contribute significantly to the promotion of relations between people and peoples.

How extraordinarily important it is to interrupt the routines of everyday life, also of everyday academic life, and to come together to commemorate, to assure, and reassure ourselves of the common task, is pressing upon us these days. How important it is to face the responsibility for life and against war and violence. How threatened life is and how peace in the world is anything but a matter of course.

How can it be that anti-Semitism is still and again widespread in Germany today? How can it happen that people inflict such immeasurable suffering on other people? How can it be possible for people to see themselves not only as members of particular religious or national communities? It is of great importance for our coexistence to ask ourselves questions, and to ask these questions precisely when no simple answers suggest themselves, but abysses lie before us. Academia, or better still, the different

ihr auch zugetraut, dass sie Verantwortung übernehmen kann. Das unterstreicht der Stiftungszweck, denn der Dr. Leopold Lucas Preis wird vergeben für besondere wissenschaftliche Leistungen auf den Gebieten der evangelischen und katholischen Theologien, der historischen Geisteswissenschaften und der Philosophie, welche zur Förderung der Beziehungen zwischen Menschen und Völkern wesentlich beitragen.

Wie außerordentlich wichtig es ist, die Routinen des Alltags, auch des akademischen Alltags, zu unterbrechen und zum Gedenken zusammenzukommen, sich der gemeinsamen Aufgabe zu versichern und vergewissern, dies drängt sich uns in diesen Tagen mit Macht auf. Wie wichtig es ist, sich der Verantwortung für das Leben und gegen Krieg und Gewalt zu stellen. Wie bedroht das Leben und der Frieden auf der Welt alles andere als selbstverständlich ist.

Wie kann es sein, dass Antisemitismus auch heute noch und wieder in Deutschland verbreitet sind? Wie kann es geschehen, dass Menschen anderen Menschen so unermessliches Leid antun? Wie kann es gelingen, dass sich Menschen nicht nur als Mitglieder religiöser oder nationaler Partikulargemeinschaften verstehen? Es ist für unser Zusammenleben von großer Bedeutung, sich Fragen zu stellen, diese Fragen zu stellen, und zwar gerade dann, wenn sich keine einfachen Antworten nahelegen, sondern Abgrün-

academic disciplines of the *universitas litterarum*, are trusted to cooperate and take responsibility, to evade simple answers, and to work for a better world with clarity for their roles, tasks, and expertise.

Leopold Lucas, born in Marburg in 1872, graduated from a humanistic Gymnasium in 1892. He studied oriental languages, history, philosophy, and Jewish Studies. On December 19, 1895, he was awarded a doctorate by the Faculty of Philosophy at the University of Tübingen for his thesis »History of the City of Tyre at the Time of the Crusades«. In 1899, Lucas received the call to the office of rabbi in the long-established Jewish community of Glogau, where he worked with great charisma as a chaplain, preacher, and scholar. In 1904, Dorothea Janower, a native of Breslau, and Leopold Lucas were married. Two sons were born of the marriage.

Together with his friend, the historian Martin Philippson, he founded the »Society for the Advancement of Jewish Studies« in 1902. Lucas outlined the purpose of the newly founded society on December 27, 1905, in a lecture to the general assembly in Berlin: »The Study of Judaism and the Means to its Advancement«[1]. His lecture not only clearly addresses how much Christian theology has

de vor uns liegen. Und der Wissenschaft, oder besser noch gesagt, den Wissenschaf*ten* der *universitas litterarum* wird zugetraut, zusammenzuwirken und Verantwortung zu übernehmen, sich einfachen Antworten zu entziehen und mit Klarheit für die eigenen Rollen, Aufgaben und Expertisen an einer besseren Welt mitzuwirken.

Leopold Lucas, 1872 in Marburg geboren, legte 1892 das Abitur an einem humanistischen Gymnasium ab. Er studierte orientalische Sprachen, Geschichte, Philosophie und Wissenschaften des Judentums. Am 19. Dezember 1895 wurde er von der Philosophischen Fakultät der Universität Tübingen mit einer Arbeit zur »Geschichte der Stadt Tyrus zur Zeit der Kreuzzüge« promoviert. 1899 erhielt Lucas den Ruf in das Amt des Rabbiners in der traditionsreichen jüdischen Gemeinde Glogau, wo er mit großer Ausstrahlungskraft als Seelsorger, als Prediger und als Wissenschaftler wirkte. 1904 heirateten die aus Breslau gebürtige Dorothea Janower und Leopold Lucas. Zwei Söhne gingen aus der Ehe hervor.

Gemeinsam mit seinem Freund, dem Historiker Martin Philippson, gründete er 1902 die »Gesellschaft zur Förderung der Wissenschaft des Judentums«. Das Selbstverständnis der neugegründeten Gesellschaft skizzierte Lucas am 27. Dezember 1905 in einem Vortrag vor der Generalversammlung in Berlin: »Die Wissenschaft des Judentums und die Wege zu ihrer Förderung«.[1] Sein Vortrag spricht

contributed to anti-Semitism, but at the same time, he unfolds the program of academic scholarship that tries to overcome »writings that pretend to be scholarly« by true academic scholarship. Quoting Leopold Lucas:

»Academic Scholarship decides about the path we take. Wherever contrasts appear between prevailing concepts and the academic view of the world, research renews connection and unity. Not only in matters of doctrine but also in matters of life, it exercises a supreme judicial office. It is easy to orientate oneself about the practical use of our scholarship if one considers the damage, which our opponents inflict on us by scholarly formulation of their assumptions. These are whole systems, which are used to get at us, a fine-spun fabric of observations and conclusions. It is writings that pretend to be scholarly that create the need for public opinion against Judaism for our opponents. In Jewish circles, under such influence, one often vacillates between self-confidence and resignation. It is not in any peculiarity of our people or the antipathy of many toward us, nor the chauvinism of peoples, that the greatest obstacle to freedom is to be sought, but in the ever-recurring assertion by Christian scholars of the inferiority of our faith and our religious documents.«[2]

The society developed a lively effectiveness. The number of its members in 1920 was 1742 and its publication series testifies to this radiance. The first volume in this series (the Monatsschrift zur Geschichte

nicht nur deutlich an, wie sehr die christliche Theologie zum Antisemitismus beigetragen hat, er entfaltet zugleich das Programm einer Wissenschaft, die »wissenschaftlich sich gebende Schriften« durch wahre Wissenschaft zu überwinden versucht. Ich zitiere Leopold Lucas:

»Die Wissenschaft entscheidet über den Weg, den wir gehen. Wo immer sich Gegensätze zeigen zwischen herrschenden Begriffen und dem wissenschaftlichen Weltbild, erneuert die Forschung Verbindung und Einheit. Nicht nur in Sachen der Lehre, sondern auch in Sachen des Lebens übt sie ein höchstes Richteramt. Leicht orientiert man sich über den praktischen Nutzen unserer Wissenschaft, wenn man den Schaden ins Auge fasst, den unsere Gegner durch wissenschaftliche Formulierung ihrer Annahmen uns zufügen. Es sind ganze Systeme, mit denen man uns auf den Leib rückt, ein feingesponnenes Gewebe von Beobachtungen und Schlüssen. Wissenschaftlich sich gebende Schriften sind es, die unseren Gegnern den Bedarf an öffentlicher Meinung gegen das Judentum schaffen. In jüdischen Kreisen schwankt man öfter unter solchem Einfluss zwischen Selbstgefühl und Resignation. Nicht in einer Eigenart unseres Volkes oder in der Antipathie vieler gegen uns, noch im Chauvinismus der Völker ist das größte Hemmnis der Freiheit zu suchen, sondern in der immer wiederkehrenden Behauptung der christlichen Gelehrten von der Minderwertigkeit unseres Glaubens und unserer religiösen Urkunden.«[2]

Die Gesellschaft entfaltete eine lebendige Wirksamkeit. Die Zahl ihrer Mitglieder lag im Jahr 1920 bei 1742 und auch ihre Publikationsreihe bezeugt diese Ausstrahlungskraft. Als erster Band dieser Reihe (der

und Wissenschaft des Judentums) was Leo Baeck's classic »The Essence of Judaism«. Other writings, famous to this day, followed. Among the scholarly works written by Leopold Lucas himself, I would like to recall especially his work »Zur Geschichte der Juden im 4. Jahrhundert« (»The Conflict Between Christianity and Judaism: A Contribution to the History of the Jews in the Fourth Century«), published in 1910. In 1941, Leopold Lucas was appointed to the Academy of Jewish Studies in Berlin, where, at the age of almost 70, in addition to his own teaching activities, he assisted Leo Baeck in his work on a manifesto for the German people, which was to be read after the end of the National Socialist regime to clarify the history of the Jews in Europe.

In December 1941, the couple Dorothea and Leopold Lucas were deported to Theresienstadt, where Lucas worked as a rabbi and chaplain. On September 13, 1943, he died of pneumonia under the conditions of the deportation. Dorothea Lucas was deported to Auschwitz one year later in October 1944 and murdered.

The prize, which bears the name of Dr Leopold Lucas and has been endowed 50 years ago, honours scholars whose academic works contribute significantly to the promotion of relations between people and peoples.

* * *

Monatsschrift zur Geschichte und Wissenschaft des Judentums) erschien der Klassiker von Leo Baeck, »Das Wesen des Judentums«. Weitere bis heute berühmte Schriften folgten. Unter den wissenschaftlichen Arbeiten, die Leopold Lucas selbst verfasste, möchte ich besonders an seine 1910 erschienene Arbeit »Zur Geschichte der Juden im 4. Jahrhundert« erinnern. Im Jahr 1941 wurde Leopold Lucas an die Hochschule für die Wissenschaft des Judentums nach Berlin berufen, wo er als fast 70-Jähriger neben der eigenen Lehrtätigkeit Leo Baeck bei dessen Arbeit an einem Manifest für das deutsche Volk unterstützte, das nach dem Ende des nationalsozialistischen Regimes zur Aufklärung der Geschichte der Juden in Europa verlesen werden sollte.

Im Dezember 1941 wurde das Ehepaar Dorothea und Leopold Lucas nach Theresienstadt deportiert, wo Lucas als Rabbiner und Seelsorger wirkte. Am 13. September 1943 starb er unter den Bedingungen der Deportation an einer Lungenentzündung. Dorothea Lucas wurde ein Jahr später im Oktober 1944 nach Auschwitz deportiert und ermordet.

Der Preis, der den Namen Dr. Leopold Lucas trägt und vor 50 Jahren gestiftet wurde, zeichnet dem Stiftungszweck entsprechend Wissenschaftlerinnen und Wissenschaftler aus, deren wissenschaftlichen Werke zur Förderung der Beziehungen zwischen Menschen und Völkern wesentlich beitragen.

***

The Dr Leopold-Lucas Prize for 2020 is awarded to Adam B. Seligman, Professor of Religion, Department for Religion at Boston University, and Linda Woodhead, Professor of Sociology at the Department of Politics, Philosophy, and Religion at Lancaster University. In deciding to divide the award, the Awards Committee recognizes two distinct yet quintessentially interrelated approaches to the relationship between religion and society in the twenty-first century.

Adam Seligman received his Ph.D. in Sociology and Social Anthropology from Hebrew University in Jerusalem in 1988. From 1993 to 1996, he was Assistant, then Associate Professor at the Department of Sociology at the University of Colorado-Boulder. Since 1996 he has been at the Department of Religion at Boston University, first as an Associate, then as Full Professor and Acting Chair. In Boston, he is a Research Associate at the Institute on Culture, Religion and World Affairs. Seligman is the founding director of CEDAR-Communities Engaging with Difference and Religion, an NGO that has been conducting programs on living with difference around the world for 20 years. Students learn about the respective religious and social realities in previously unfamiliar cultures through seminars in different parts of the world. Dealing with difference and pluralism determine his academic work in the field of social philosophy and democratic theory.

Ansprache bei der Verleihung

Der Dr. Leopold-Lucas Preis für das Jahr 2020 geht an Adam B. Seligman, Professor of Religion, Department for Religion an der Boston University sowie an Linda Woodhead, Professor of Sociology im Department of Politics, Philosophy and Religion an der Lancaster University. Mit der Entscheidung zur Teilung des Preises würdigt das Vergabekomitee zwei unterschiedliche und doch im Kern aufeinander bezogene Zugänge zum Zusammenhang zwischen Religion und Gesellschaft in der Gegenwart.

Adam Seligman wurde 1988 der PhD. im Fach Sociology and Social Anthropology an der Hebrew University in Jerusalem verliehen. In den Jahren 1993 bis 1996 war er zunächst Assistant, dann Associate Professor am Department of Sociology an der University of Colorado-Boulder. Seit 1996 ist er am Department of Religion der Boston University, zunächst als Associate, dann als Full Professor und Acting Chair. In Boston ist er Research Associate am Institute on Culture, Religion and World Affairs. Seligman ist Gründungsdirektor der CEDAR-Communities Engaging with Difference and Religion, einer NGO, die seit 20 Jahren weltweit Programme zum Thema »living with difference« durchführt. Studierende lernen in Seminaren in verschiedenen Teilen der Welt die jeweilige religiöse und gesellschaftliche Wirklichkeit in bisher nicht vertrauten Kulturen kennen. Der Umgang mit Differenz und Pluralismus bestimmen seine wissenschaftlichen Ar-

Since the 1990s, he has made himself a name with impressive publications in which he has made a sustained commitment to the idea of tolerance, exemplified by his publication »Modest Claims, Dialogues and Essays on Tolerance and Tradition« (2004). He has a superb ability to establish systematic lines of connection, exemplified in his 2012 work »Rethinking Pluralism: Ritual, Experience and Ambiguity«.

With this award, the Faculty of Protestant Theology honours Adam B. Seligman, one of the most important social philosophers of our time. Difference and pluralism determine his academic work in the field of social philosophy and democratic theory. He has made himself a name with impressive publications in which he demonstrates the importance religion can have in a pluralistic society, and he uses his life and work to advocate mutual respect in a multi-religious world. In this way, he contributes significantly to the promotion of the idea of tolerance and international understanding.

* * *

The Dr Leopold Lucas Award of the Year 2020 will also go to Linda Woodhead. Since 2006, she has been Professor of the Sociology of Religion at the Department of Politics, Philosophy and Religion at

beiten im Feld der Sozialphilosophie und der Demokratietheorie. Seit den 1990er Jahren ist er durch beeindruckende Veröffentlichungen hervorgetreten, in denen er sich nachhaltig für den Toleranzgedanken einsetzt, exemplarisch genannt sei seine Publikation »Modest Claims, Dialogues and Essays on Tolerance and Tradition« (2004). Er versteht es erstklassig, systematische Verbindungslinien herzustellen, so etwa in seinem 2012 erschienenen Werk »*Rethinking Pluralism: Ritual, Experience and Ambiguity*«.

Mit der Verleihung des Preises würdigt die Evangelisch-Theologische Fakultät mit Adam B. Seligman einen der bedeutendsten Sozialphilosophen der Gegenwart. Differenz und Pluralismus bestimmen seine wissenschaftlichen Arbeiten im Feld der Sozialphilosophie und Demokratietheorie. Er ist durch beeindruckende Veröffentlichungen hervorgetreten, in denen er zeigt, welchen Stellenwert Religion in einer pluralen Gesellschaft besitzen kann, und setzt sich mit seinem Leben und Werk für die gegenseitige Achtung in einer multireligiösen Welt. Damit trägt er wesentlich zur Förderung des Gedankens der Toleranz und der Völkerverständigung bei.

* * *

Der Dr. Leopold Lucas-Preis des Jahres 2020 geht zudem an Linda Woodhead seit 2006 Professorin für Religionssoziologie am Department of Politics, Philosophy and Religion an der Lancaster University. In

Lancaster University. From 2007 to 2012, she was director of the Arts and Humanities Research Council and the Economic and Social Research Council exploring the complex relationships between religion and society. Her involvement as Chair of the Board of Trustees of Radicalisation Research, in addition to her experience as a project manager, attests to her high-level scholarly expertise in the field of empirical research on religion. Since the 1980s, she has repeatedly provided significant impulses on the topic of faith and religion in society. Among her most important publications are: »Christianity: A Very Short Introduction« (revised edition 2014); »Religion and Change in Modern Britain« (ed. with Rebecca Catto, 2012); and »A Sociology of Religious Emotions« (with Ole Riis, 2010). Of particular note are her interpretations of religiouslessness in Britain, »The Rise of ›No Religion‹ in Britain: The Emergence of a New Cultural Majority« (2016), which is both empirically grounded and elaborated in religious theory. Her interpretation is not only critical of under-complex interpretations of secularization that speak only of the decline of religion, but it also highlights the importance of cultural pluralization and ethical liberalization in Britain.

In awarding the prize, the Faculty of Protestant Theology honours Linda Woodhead, a socially en-

den Jahren 2007 bis 2012 war sie Direktorin des Arts and Humanities Research Council und des Economic and Social Research Council zur Erforschung der komplexen Beziehungen zwischen Religion und Gesellschaft. Ihr Engagement als Stiftungsratsvorsitzende von »Radicalisation Research« bezeugen neben der Erfahrung als Projektmanagerin ihre hochgradige wissenschaftliche Kompetenz im Feld der empirischen Religionsforschung. Seit den 1980-er Jahren gehen von ihr immer wieder bedeutende Impulse aus zum Thema Glaube und Religion in der Gesellschaft. Zu ihren wichtigsten Veröffentlichungen zählen: »*Christianity: A Very Short Introduction* (revised edition 2014); *Religion and Change in Modern Britain*« (herausgegeben mit Rebecca Catto, 2012) und »A Sociology of Religious Emotions« (mit Ole Riis, 2010). Besonders hervorzuheben sind ihre empirisch fundierten und zugleich religionstheoretisch elaborierten Deutungen zur Religionslosigkeit in Großbritannien: »The Rise of ›No Religion‹ in Britain: The Emergence of a New Cultural Majority« (2016). Ihre Interpretation verhält sich nicht nur kritisch gegenüber unterkomplexen Säkularisierungsdeutungen, die nur vom Niedergang der Religion reden, sondern sie hebt die Bedeutung der kulturellen Pluralisierung und der ethischen Liberalisierung in Großbritannien hervor.

Mit der Verleihung des Preises würdigt die Evangelisch-Theologische Fakultät Linda Woodhead,

gaged and academically outstanding sociologist of religion. In numerous studies, she explores how phenomena of new religiosity or even the awareness of a renunciation of religion relate to the traditionally dominant and increasingly declining Christian religion in Europe and Great Britain. From here she develops a broad view of very different religious phenomena, rarely ventured in view of the diversity and complexity of religions and contributes to the promotion of the idea of tolerance and relations between people and peoples.

eine gesellschaftlich engagierte und wissenschaftlich überragende Religionssoziologin. In zahlreichen Studien geht sie der Frage nach, wie sich Phänomene neuer Religiosität oder auch das Bewusstsein eines Verzichts auf Religion zu der traditionell in Europa und Großbritannien dominierenden und immer mehr zurückgehenden christlichen Religion verhalten. Von hier aus entwickelt sie einen angesichts der Vielfalt und Komplexität der Religionen nur noch selten gewagten, weiten Blick auf sehr unterschiedliche religiöse Phänomene und trägt zur Förderung des Gedankens der Toleranz und der Beziehungen zwischen Menschen und Völkern bei.

Notes

1 Leopold Lucas, Die Wissenschaft des Judentums und die Wege zu ihrer Förderung. Vortrag, gehalten bei der Generalversammlung der »Gesellschaft zur Förderung der Wissenschaft des Judentums« am 27. Dezember 1905, Berlin 1906. [Goethe University Frankfurt, Judaica Division of the University Library, Germany – In Copyright – Educational Use Permitted. https://www.europeana.eu/de/item/233/urn_nbn_de_hebis_30_1_119121?utm_source=api&utm_medium=api&utm_campaign=YuvuWBeCa.]

2 Ibid. 7–8.

Anmerkungen

1 Leopold Lucas, Die Wissenschaft des Judentums und die Wege zu ihrer Förderung. Vortrag, gehalten bei der Generalversammlung der »Gesellschaft zur Förderung der Wissenschaft des Judentums« am 27. Dezember 1905, Berlin 1906. [Goethe University Frankfurt, Judaica Division of the University Library, Germany – In Copyright – Educational Use Permitted. https://www.europeana.eu/de/item/233/urn_nbn_de_hebis_30_1_119121?utm_source=api&utm_medium=api&utm_campaign=YuvuWBeCa.]

2 Ebd. 7 f.

Die bisherigen Preisträger

1974 Schalom Ben-Chorin
1975 Andreas Nissen
1976 Elias Bickermann
1977 Shmuel Sambursky
1978 Kurt Scharf
1979 Eberhard Bethge
1980 Dumitru Stăniloae
1981 Karl Popper
1982 Karl Rahner
1983 Léopold Sédor Senghor
1984 Hans Jonas und Fritz Stern
1985 Mohamed Talbi
1986 Christoph Albrecht und Ernst Gottfried Lowenthal
1987 Tullio Vinay
1988 Tenzin Gyatso, 14. Dalai Lama
1989 Paul Ricœur
1990 Bruno Bettelheim
1991 Henry Chadwick
1992 Annemarie Schimmel
1993 André Chouraqui
1994 Christian Graf von Krockow
1995 Sergej Averintsev
1996 Pnina Navè-Levinson und Nathan Peter Levinson
1997 Henryk Muszyński
1998 Michael Walzer
1999 Steven Theodore Katz
2000 Richard von Weizsäcker
2001 Michael Theunissen

2002 Moshe Zimmermann
2003 Martin Gilbert
2004 Sadik J. Al-Azm
2005 Yosef Hayim Yerushalmi
2006 René Girard
2007 Eduard Lohse
2008 Dieter Henrich
2009 Karen Armstrong
2010 Peter L. Berger
2011 Avishai Margalit
2012 Seyla Benhabib
2013 Giorgio Agamben
2014 Peter Schäfer
2015 Angelika Neuwirth
2016 Adam Zagajewski
2017 Joachim Gauck
2018 Sarah Stroumsa und Guy G. Stroumsa
2019 Diarmaid MacCulloch